富爸爸

打造必胜创业团队

〔美〕布莱尔·辛格 著

王立天 译

鹭江出版社

图书在版编目（CIP）数据

富爸爸 打造必胜创业团队/〔美〕辛格著；
〔美〕王立天译. —厦门：鹭江出版社，2009.9
ISBN 978 - 7 - 5459 - 0117 - 7

译自：The ABC's of Building a Business Team That Wins：The Invisible
Code of Honor That Takes Ordinary People and Turns Them Into a Champion-
ship Team

Ⅰ. 富… Ⅱ. ①辛…②王… Ⅲ. 企业管理—组织管理学
Ⅳ. F272.9

中国版本图书馆 CIP 数据核字（2009）第 141801 号

Rich Dad's Advisors ® ：The ABC's of Building a Business Team That Wins
© 2004 by Blair Singer
Complex Chinese language edition arranged with the Blair Singer Co. ,
CASHFLOW ® Technologies, Inc. through LEE's Literary Agency, Taiwan.
Complex Chinese translation rights © 2009 by Heliopolis Culture Group

富爸爸 打造必胜创业团队

〔美〕布莱尔·辛格　著
　　　　王立天　译

责任编辑／林　震
特约编辑／李艳玲
出　　版／鹭江出版社
地　　址／厦门市湖明路 22 号
邮　　编／361004
电　　话／0592 - 5046666　0591 - 87539330
　　　　　010 - 62376499（编辑部）　　010 - 65921349（发行部）
印　　刷／北京同文印刷有限责任公司
规　　格／787 毫米×1092 毫米　1/16
印　　张／11.25
字　　数／119 千字
印　　次／2009 年 9 月第 1 版第 1 次印刷
书　　号／ISBN 978 - 7 - 5459 - 0117 - 7/I·35
定　　价／25.00 元

（如有印装错误，请寄印刷厂调换或致电鹭江出版社）

目 录

创业家们必须具备的四项商业技能

——罗伯特·清崎 （Robert Kiyosaki）

　　许多人都拥有价值百万的好主意，但是他们没有能力将自己的想法转化成金钱。也有成千上万的人梦想着辞职、创业，但是他们的"老板梦"终究只是幻想罢了，因为他们仍然选择坚守着一份安定的工作。至于那些勇于采取行动、自行创业的人们，大部分都会很快以失败收场。根据统计显示，有将近九成的新公司，会在成立的五年之内结束营业，而硕果仅存的一成当中，又有九成的公司撑不过第十个年头。

　　这是为什么？

　　很多专家说，人们之所以无法自行创业或创业后又失败，都是基于以下两个原因——缺乏资金和缺乏商业技能。而在这两个原因当中，我认为以缺乏商业技能最为严重。换句话说，如果你拥有商业技能，你就能创造出金钱；但是，如果你空有资金却缺乏商业技能，这些资金往往会很快消耗殆尽。当富爸爸在训练我成为创业家之时，他就经常对我说：创业家们必须拥有或学习四大商业技能，而这四项技能就是销售、会计、投资以及领导力。此外，他还说：如果创业家面临困境，通常就是其缺乏上述商业技能中的一种或几种。我和莎朗·列克特合著的书中，专门集中介绍两种重要的商业技能——会计和投资。我们大家都听说过，那些创业失败或者面临财务困境的人们，不是财务报表不真实，就是任意挥霍金钱或疏于（甚至没有）将利润进行转投资。布莱尔·辛格（Blair Singer）是一位非常重要的富爸爸顾问，因为他专门教导创业家这四项必备商业技能当中的两项。他的公司——赛仕博（Sales Partners）与销售狗（Sales Dogs），专门致力于传授销售技巧、如何建立团队以及培养领导能力。布莱尔·辛格拥有闻名于世的打造团队与培养领导力的关键技巧，他的《富爸爸销售狗：培训 No. 1 的销售专家》，正是任何想要创业的人必读的书籍之一。

依我个人的观点来看，在这四项技能当中，尤以销售能力最重要。我见过无数拥有好主意的人们，但是他们就是无法卖出自己的观点或产品。其实如果无法做到销售，其他三项商业技巧也都用不着了，因为你根本不会有机会使用到它们。

富爸爸很高兴我有四年参加军事学校和六年参与海军陆战队的相关经验，因为这些经验使我从中学到许多有关领导方面的能力。创业家们之所以会失败，其中一个原因就是他们欠缺打造团队的能力，尤其是打造一个能化腐朽为神奇，成功创业的商业团队的能力。

从《富爸爸 打造必胜创业团队》这本书中，你将学会什么叫做荣誉典章。根据我个人的看法，身为海军陆战队队长官兼飞行员，当时就是靠着荣誉典章，才能让我和弟兄们鼓起勇气凝聚成一个团队，克服内心恐惧，完成一些看起来几乎不可能完成的任务。直到今天，我同样还是把荣誉典章作为我事业和财富的核心。

具有领导及管理大众的能力，是一种非常关键的商业技能。根据我个人的观点，绝大多数的中小企业之所以倒闭或无法成长，就是因为创业者无法打造出一个强而有力的创业队伍，结果搞得自己精疲力竭、草草了事。我的富爸爸常说：身为老板，最困难的工作就是把人们组成一个团队，然后指挥他们去完成你需要完成的事情。他也曾说过：做生意赚钱很容易，但是管理企业、驾驭人才，却是一项挑战。

希望你能凭借阅读《富爸爸 打造必胜创业团队》这本书，来学习如何打造出一个上下一心、强而有力的商业团队；并且随着克服一波又一波的挑战，使企业或自身日益壮大。

再者，换个角度来看，由于许多工作机会已经外移到中国、越南甚至印度等国，这的确对全球经济局势产生了相当大的影响，就连欧美各国也无法阻挡这股趋势。这个问题已经严重到迫使许多政客必须做出承诺，确保能够创造出更多的就业机会，或是惩戒那些将工作机会不断外移的企业。幸好我们都知道政客们所做出的承诺，通常只是随口说说罢了，一切皆不能当真。

我最近去了一趟中国，获知中国的就业问题远比西方严重。有人对我说，中国每年有一千八百多万高学历的毕业生陆续离开学校投入职场。印度、巴基斯坦、菲律宾以及许多其他国家也有着相同的难题。西方就业问题会持续不断增多的原因就是，在这个世界上有成千上万的人愿意接受日薪仅有四美元的工作。加上交通、通讯以及科技等成本大幅降低，以往所谓的金饭碗、高薪阶级和优厚的福利，都正在迅速地消失。而这是不管政客们做出什么承诺，都无法阻挡的一股世界发展潮流。直到今天，就算面临全球化的就业竞争，莘莘学子仍然需要每天上学，幻想自己毕业后能够找一份安定的工作。可悲的是，这其实是一种再过时不过的想法。

此外还有一个理由，将更为突显《富爸爸 打造必胜创业团队》这本书的重要性，也就是今日世界上需要更多的创业家，需要更多的老板来创业，创造更多的就业机会，而不是创造出更多需要工作的人们。

自序

因为有你，这个世界就会有所不同

——布莱尔·辛格（Blair Singer）

我在美国俄亥俄州长大。看着父亲经营着一家在我眼中非常庞大、占地有五百多公顷的农场时，我心中就一直存在这样的想法：协调上下游厂商之间的合作，聘用临时雇员，指挥员工、家人以及一大群动物等，都是领导力的一种极致表现，而只要天气稍微出现一些异常变化，这一切就极有可能会毁于一旦。

身为橄榄球迷以及俄亥俄州立大学橄榄球校队总教头海斯（Woodrow Wayne Hayes）旗下的总经理，我学到了很多有关领导和鞭策伟大球队的方法与经验。管理橄榄球队那段时间获得的经验，对我整个人生有很大的启发。这些年来，我非常幸运能够和伟大的教练、球队以及非常具有影响力的组织共事。

在此要特别感谢富勒博士（Buckminster Fuller），他为我指出了我会做这些事情的理由。也要感谢我的家人和祖父母，因为他们以身作则，为我完美地示范了什么叫荣誉典章。在此特别感谢我的父母，因为他们不仅对这个主题充满热忱，而且将绝大部分的人生投注其中。

感谢我深爱的另一半，因为是她教导我什么是信任的真谛。感谢我的挚友罗伯特·清崎（Robert Kiyosaki），他一直鞭策、鼓励我成为自己理想中的自己。感谢金·清崎（Kim Kiyosaki），这是一位非常具有本事和竞争力的朋友兼伙伴。感谢莎朗·列特（Sharon Lechter），他亲自示范什么叫做领导。感谢整个富爸爸团队——这是我一生中所见过的最伟大的商业团队，我深感骄傲的是自己也能成为其中一分子。感谢我高中时越野赛跑的教练李·桑玛（Lee Somers），他让我在人生中首次尝到领导他人、坚韧不拔以及遭逢磨练的滋味。还要感谢我以前任职于航空运输公司之时的仓管同事，他们向我展现了如何在最艰难的时候仍然坚守荣誉典章的美德，如何凭借爱、工作和纪律来创造奇迹。

最重要的是这本书中的智慧是无远弗届的，因为所有内容并不是我自己发明的，而是来自于伟大的国家、公司、家庭、个人。至于书中所有发人深省的内容，我也要归功于那些为了让人类拥有更美好生活而奉献生命、财富和精神的先辈们。此外，我也要感谢那些在日常生活中采用自己的方式来领导他人的人们。

谨将本书献给那些曾经犯错，但勇于承担的人们；那些失败后再一次爬起、重新努力的人们；那些曾经鼓起勇气，兴奋地举手加入团队的小朋友；那些投身团队曾经无法出头，但后来找到自己的一片天的人们。我也要郑重地将本书献给我的两个儿子，如果我们夫妻能协助他们发掘自己的天赋并且善加运用，我深信他们一定能影响成千上万的人们。

最后也要将这本书献给每一位读者，因为你们的作为能在这个世界上产生相当大的影响。

第一章

何谓荣誉典章

2003 年 1 月 3 日，俄亥俄州立大学橄榄球校队七叶树队对上了迈阿密飓风队，他们要在假日杯大赛中一决胜负，看看谁才是新的国家冠军队。后来根据球评们的看法，这场赛事可说是大学橄榄球史上最精彩的一场赛事，因为俄亥俄州立大学不仅在落后两次达阵的情况下依旧追平比分，还让比赛两次进入延长赛。当时，我既是俄亥俄州校队的前经理，也是情不自禁地处于极度兴奋状态的现场观众之一。但是，除了比赛本身之外，这当中其实也隐含了极大的教训。

接下来就请容我从头详述当时的情形：

两支强大的球队在球场上碰头，双方剑拔弩张；球评们早已宣布他们所预测的结果；多数观众屏息以待。经过这几周的观望，球迷们早已知道本季球赛最后一定是由这两支超强队伍一决胜负。他们所采用的战略、战术和比赛计划虽然单纯，却相当具有杀伤力，双方球员的才华也着实令人赞赏不已。

比赛一开始，每位球员似乎都充分发挥了他们最佳的潜能。虽两队都曾发生失误，但尚未严重到可以左右比赛的胜负。比赛时间虽然随着每次的进攻逐渐流逝，群众兴奋的情绪却越来越高涨。比赛进行到后来，球员们似乎已经忘了自身的疲劳，没有任何一人因惊慌失措而破坏阵形。多年来的训练、纪律和注意力，在比赛最后几分钟完完全全地展现出来。赛情发展至此，到底哪一队会取得胜利？是大家一致看好的卫冕队——迈阿密飓风队？还是名不见经传的挑战者——俄亥俄州立大学七叶树队？

到了最后，两队居然再度战成平手，比赛被迫进行延长赛。

紧接着双方再次均有得分，延长赛继续进行，观赛群众的情绪已经沸腾。这两支从未尝过败绩的队伍，好像在老天爷奇妙的安排之下，非得在这场比赛中分出胜负。身为这场比赛的旁观者，我不禁微笑，因为比赛进行得越久，我就更加确信比赛结果会是如何！至于为什么，则是凭借我多年来与杰出团队共事的经验得知的。我从中发现，运动、事业和家庭当中伟大、优秀的团队多半都有着共同的特质——他们都拥有秘密武器。我在此讲的不是战略、计划，也不是科技，更不是什么妙招或是老法新用，也绝对不是运气！我所说的这样东西，深深隐藏在那些杰出组织们的基因之中。它是这么深刻地内化在运动员的心中，几乎已到了让人意识不到它存在的地步。但是即便如此，任何人也都无法忽略它，因为它确实是存在着，它就是荣誉典章。

在面临高度压力、巨大输赢，准备背水一战的时候，它多半就会彰显出来；当家庭面临危机的时候，你也看得到它；当公司的现金吃紧时，你也能找得到它的影子。任何人只要在面临考验或是成败关头之时，它就肯定会冒出头来。

这就是荣誉典章

在第二次延长赛的最后几分钟，从未尝过败绩的迈阿密飓风队已经顺利进攻到底线前十码处，而且还拥有四次进攻达阵的机会。反观俄亥俄州立大学七叶树队，面临当今实力最强的一支大学橄榄球队的进攻，则在一路苦苦追赶着分数。大家都在期待：

两支实力都无与伦比的球队，到底谁会坚持到最后，顺利胜出？奇迹般的，俄亥俄州立大学七叶树队成功阻止了迈阿密飓风队每次的进攻。全场观众简直不敢相信自己的眼睛，所发出的欢呼声可以说是震耳欲聋。俄亥俄州七叶树队一路奋斗到底，终于获胜，并且一跃成为新的国家总冠军队。

这是运气？是天赋异禀？还是战略的关系？那些不被看好的运动队伍，在各种不利的条件之下居然还能胜出，这种结果一直刺激着我无比强烈的好奇心。对于那些没有什么才华，没有家庭背景却依旧能致富的人，我也一样始终百思不得其解。那些名不见经传，不断地在挣扎、奋斗的企业，又是如何一飞冲天地获得成功的？

在此我发现：适当的压力总是能让家人之间更加团结，而有种东西也是所有优秀队伍共同拥有的手段——那就是荣誉典章。

团队提示：

如果没有制定明确的规则，大家就会依自己的方便行事。

荣誉典章由一些简易、深具影响力的规则所构成，用来规范整个团队、组织、家庭和个人，甚至国家的内在行为。这些规则就是所谓的"心"或"精神"，决定了我们在团体之中要如何相互对待。人们愿意用生命捍卫它，也会自愿担当起难以承受的责任，只是单纯地为了它——荣誉典章。

这些规则举例来说就像是"绝对不抛弃需要帮助的伙伴"，或者是"对自己所犯的错误要负起完全的责任"。我在这里所讲的并不是一般人所想的规定，因为很多机关团体都有属于自己的一些规定，而是一个团体所拥有的坚定不移、坚持贯彻的纪律。这些纪律无需依赖老板、教练、执法人员、父母亲或是神父们来执行，而是凭借整个团队上下一心、相互扶持，一起拥护并且遵循这些典章的精神。由于不断地重复练习和各种演练的潜移默化，这一切早已深植于所有成员心中。荣誉典章就是产生信任、凝聚力以及活力的主因。

当你把自己的事业、家庭或组织打造成一流团队之时，你会发现好的团队与优秀的团队之间其实还是会存在极大的差异性。每当承受巨大压力，或是必须面对看似不可能完成的任务时，优秀团队往往就会展现出魔法般的奇迹，而这个魔法就是来自于荣誉典章。它弥漫于整个团队的每次声明、行动，甚至是心跳之中。自己到底是什么样的货色？拥有什么样的主张？一切都会借此清楚地显现出来。

总而言之，荣誉典章比价值观更深入一些，它就是你价值观的具体展现。你可以凭借典章中的规则来确定自己为人和表现的基准。

好消息是你可以亲自替自己或团队建立这一套典章，这也是富爸爸能打造杰出商业团队的秘密。无论你身在何处，从事什么工作，它都和你形影不离。如果你知道如何建立、维持并保护它，无论你的目标是财富、健康，还是爱情，你都会吸引到最优秀的人才，会让你一次又一次地品尝到冠军队伍所获得的胜利果实。

罗伯特·清崎曾在其著作《富爸爸有钱有理》中，用了相当大的篇幅解释了"B—企业象限"、"E—员工象限"和"S—自由工作者象限"的人们在态度、心态和行为上的差异。也就是说，商场上最重要的能力其实就是销售的能力。在我的另一本书《富爸爸销售狗：培训 No.1 的销售专家》中，我曾一再澄清为自身利益进行谈判、沟通时所可能遭遇的各方面的障碍。无论你从事的工作是否具备业务性质，你在自己人生的各阶段中肯定都在持续从事销售的活动，而这就是富爸爸最重视的商业技能。

和销售能力一样重要，也是自由工作者和企业主最大的不同之处，就是打造优秀团队的能力。作为执业者、服务劳动者、老板兼打杂或出卖时间换取金钱的人等，就算工作再辛苦，个人所能产生的影响力也是有限的。而那些从本书中发掘出秘诀的人们，一旦学会如何找对人并且将他们留在身边，同时确保这些人的步调一致，往往就能迅速地将自己跃升至 B 象限的财富之中。打造团队的过程并非"快乐儿童营"，大多数的人也未曾接受过这样的训练。对于部分特定人物来说，这或许并不困难，但是对于其他大多数人来讲，这却是一个考验自身能力，改变别人对自己的世俗看法，以及彻底了解荣誉典章的方向。这并非一门艰深的学问，但是一定会面临意志力的考验。这本书将会带领你逐步走完这个过程，让你获得能够随时随地创造出胜利果实的能力。

俄亥俄州立大学七叶树队确实是从一支伟大的球队手中赢得了胜利，但是仔细研究两队的差异，你将会发现，在双方面对挑战时，结果其实早已暴露出来。一套他们很久以前就定下并遵守的规则，决定了他们在比赛当天的表现。获胜的队伍所定下的规则，让他们在自己心中逐渐注入自信、纪律和魔力，因此在面临强大压力时，可以使其更为冷静，注意力也更加集中，从而获得了最终的空前胜利。不管他们是否清楚了解原因，其实两队都各自有着属于自己的一套规则，只不过在所谓的荣誉典章里头，双方所定下的规则存在着很大的差异性。在接下来的章节中，你将学会如何找出这其中的差异并且加以修正。

观察最近大学杯橄榄球比赛，其实有一个相当有趣的现象，也就是每支获胜队伍在接受访问之时，所有教练或球员都会回答内容相似的感言：我全力以赴都是为了他人，为了成全自己的队友们。也就是说，他们的努力不是为了让自己一战成名，也绝非为了打败对手，他们重视的是队友之间的相互扶持，而这种精神来自于非常特别的荣誉典章！

第二个绝佳的范例来自于我热爱的另一项运动——帆船赛。在1983年美国帆船杯比赛时，澳洲队在一共七站的比赛当中戏剧性地反败为胜，打败了当时的卫冕队伍——美国队。在连续六天、每天航行超过二十一小时的比赛中，两支队伍的成绩最后居然只差了四十二秒钟！这其中的胜负关键到底在哪里？

澳洲队的船长约翰·伯特南（John Bertrand）说得好：美国队是由许多冠军所组成的队伍，而我们则是一支冠军般的队伍。

澳洲队拥有威力强大的荣誉典章以及一套规则，其中的内容也与美国队的典章内容大相径庭。在本书的最后，我将会提到他们是如何获胜的。

这本书要献给你和你生命中一直渴望并且应该拥有的冠军队伍，因为你本身就值得拥有快乐、财富，身边也应该环绕着优秀的队员与你一起分享远景和精神。

荣誉典章为何那般重要

我始终持续不断地在全球各地演说，也曾与数千个团队、数万人共事过，凭借提升他们的销售能力，打造出一支必胜团队来增加收入。几乎所有的人都想要获得所谓的仙丹妙药，也就是所有的人都想知道如何才能够吸引最杰出的人才，并让自己的团队产出最佳的绩效。即便是平凡的父母们，也期望真有什么灵丹妙药可以拿来好好管教自己的小孩，并且妥善处理所有的家务事。

书店里有关团队凝聚、巅峰潜能、管教儿女和成功发财的书籍，简直可用"汗牛充栋"来形容。在大部分的书籍中都有着相似的原则和教诲，不过它们都忽略了荣誉典章这个威力强大的元素。说穿了就是荣誉典章的观念并非一个全新发现，它其实存在已久，如同世上许多事物一般，我们习惯将它视为理所当然，直到问题爆发，我们才发现它的力量。

团队提示：

在发展荣誉典章的过程中，会让大家有所担当，并能感受到别人的支持。同时，发展荣誉典章也是把自己的理念或团队的精神展现给别人的最佳方式。

20世纪90年代，几乎人人都在学习如何迅速致富。当时你如果投资于互联网这个产业，肯定会被认为是个天才。但是到了2001年春，我们开始重新认真检视自己对于工作和人生的观点——因为全球发生网络产业泡沫破裂、股市崩跌，我们每个人可以说都挨了一记闷棍。企业主和一般民众开始重新调整自己投资和消费的优先顺序。面对绩效的压力，有些公司或个人甚至采用另类或具有争议性的手段来修饰自己的报表，希望能继续获得投资基金的青睐。紧接着，美国"9·11"事件来袭，我们每个人的肚皮狠狠地挨了一记重拳。印象中规模最大、最惊人的恐怖攻击活动，就这么活生生地在大家的眼前上映，并且不断地被媒体轮番播放。基于那一天的可怕事件，我们对于人生、处理事物轻重缓急的看法，相信又会兴起更大的一番变化。

在那个永难忘怀的早晨之前，相信我们一定始终认为自己是无敌的，认为没有人能够撼动我们。但是事实证明我们错了，那天早上许多人瞬间明白了没有所谓安全保障这一回事，就连我们的办公室、我们的政府、我们的飞机，甚至是我们的邮政体系都无法幸免。这些事情迫使我们必须严肃面对自己，体会和认识到底什么才是生命中最重要的，因为我们很有可能就看不到明天的太阳。我们不再光想着要赚多少钱，而是试着去反省哪些人才是自己生命中最重要的，并且开始衡量什么才是自己真正想要的。

再者，大型企业的经营丑闻一桩接着一桩爆发，再次迫使我们对自己上班的公司以及投资对象失去信任，例如恩隆（Enron）、世界通信（World Com），甚至受人景仰的安侯建业（Arthur Anderson）等。这类令人起疑、营运方式不正常的公司也在不断地增加。这些现状不禁让人深思：他们的荣誉典章到哪里去了？虽然难以相信，但是我们内心很清楚，荣誉典章要不是已经荡然无存，就是无人在贯彻执行。更严重的是，他们原本拥有的就不是"荣誉"

典章，而是"诈欺"典章。

我想表达的重点是：如果没有制定明确的规则，大家就会依自己的方便行事，那些差异就有可能在激战中酿成大祸，特别是面临极大压力或大家混淆不清的时候，情况尤其明显。那些成功者所拥有的荣誉典章其实非常简单明了，甚至可说是完全没有商量的余地，也不具有多重解释的方式。它是由一系列具有威力的规则所构成，完全被周遭的人所拥戴，也是让他们能够成就自己的重要因素之一。但是，空有一套荣誉典章还是不够的。如果团队伙伴不清楚这些规则，或是大家对规则的解释不尽相同，那么这支队伍仍然无法胜出。总而言之，所有团队成员必须都要清楚和了解典章，并且做到完全承诺与敬奉。

团队提示：

成功者所拥有的荣誉典章非常简单明了，完全没有商量的余地。

所有队伍的灵魂就是荣誉典章，举例来说，准时出席、不断练习、必定出勤、参加训练课程、致力于个人成长以及绝对不抛弃有需要帮助的伙伴等，这些规则不但能确保成功，也会让整个竞赛过程充满意义。两肋插刀的人际关系并不是单靠运气就能得到的，这些人通常都是对于某些特定规则有着共识才凝聚在一起的。

荣誉典章是所有文化或组织的基础，因为它是思想、理念和主义的具体呈现。人们总是喜欢说要在组织中建立起文化，我曾经协助许多组织规模庞大的客户创造、复兴文化，甚至改变其所倡议的内容。严格说来，整个文化的核心就是荣誉典章，它是建立、复苏、传播并且示范文化的重要工具。

在发展荣誉典章的过程中，会让大家开始有所担当，并且能感受到别人的支持。同时，发展荣誉典章也是把自己的理念或团队的精神充分展现给别人的最佳方式——借此清楚界定自己及自己的目标，荣誉典章就是这么重要。

你要如何建立一套能让事业、家庭、社团等所有伙伴都会乐于遵从的荣誉典章？我们接下来要讲的内容，就是用来探索这一个领域的。

团队练习

1. 跟团队伙伴研讨一些运动或商业中竞争激烈或反败为胜的典范。在不涉及天赋、才华的基础上，讨论胜负的关键究竟是什么。

2. 列举一些有明定规则，但是却未严格遵守的组织，并让团队成员发表自己对这些组织的看法。

第二章

你为什么需要荣誉典章

如果没有制定明确的规则，大家就会依自己的方便行事。在财务、事业，甚至亲密关系上所产生的一些巨大冲突，追究其根源往往是一些善良的人们，各自单纯地依照不同的规则行事罢了。基于相同的理由，奇迹般的结果也往往是因为"交心"的人们凭借无形的凝聚力达成的无与伦比的成就。

根据自身的经验和立场，每个人都会形成专属于自己的一套原则、规则以及先入为主的观念。这其实是再自然不过的事情。但是，一旦我们开始要和旁人、组织或文化结合时，我们总会想不透，为什么这些家伙就是搞不懂？或是他们怎么可以这样公然地无视我们的感受，无视我们行事的方式和规矩？而在大多数的情形之下，那些家伙对我们多半也是抱持着同样的感觉。为什么会这样？因为我们总是习惯预先设想，认为双方的互动会秉持着相同的基本规则而行，但是这种设想其实根本不正确。本书的目的之一就是揭露并消除发生财务损失、产生挫折感和心碎的主因，也就是让周遭的人们能共同服从一套规则，并且一起建立这样的规则。如此一来，你就能确保自己所做的事情都能拥有巅峰的绩效，使自己拥有愉快的心情和绝佳的成果。

这十几年来，我一直积极地研究团队，检视到底是哪些因素能让他们获得成功，他们又是如何让绩效始终维持在巅峰状态的。现在，我终于能够告诉你：想要在任何生活领域中成功地打造出一个必胜的团队，只有依靠荣誉典章才能办到。

团队提示：

如何避免团队产生不愉快、冲突和不和谐，其实最简单、最容易的方法就是花一点时间来确定所有人都遵循同一套规则行事。

在自己的事业、社群、家庭中，想要建立亲密良好的关系，都必须要有行为上的规则和标准，这样才能达到自己终极的目标。荣誉典章就是团队价值的具体表现，并且借由行动充分展现。此外，光是具有价值是不够的，因为我们每个人都有自己的价值观，知道如何利用实际行动来展现这些价值才是关键所在。

在此容我说明一下我想要表达的意思。当我在俄亥俄州读高中的时候，我曾是学校越野田径队的一员。传统意义上，任何居住在俄亥俄州的男性，多半都会参加橄榄球队。但是如果你看过我的身材，你就会了解，就算我再怎么热爱橄榄球，也禁不起重达九十公斤的后卫的连番冲撞。因此，越野田径才是比较适合我的一项运动。很多人不清楚越野田径的比赛方式。一般来说，每场比赛都会有几支队伍参赛，每支队伍大约会有五到七名参赛者同时在场上竞技。若想在比赛中获胜，所有队员都必须居于领先地位，并在最短的时间内一起跨越终点线才行。换句话说，就算是队上有位超级明星率先到达终点，但同队其他参赛者却是零散分布在选手群之中，这样依旧是没有获胜的希望的。越野田径是一项追求低分数的运动，意思就是说第一名可以获得一分，第二名可获得两分……以此类推，所以最理想的状况就是要让全体队员尽可能地跑在所有选手的前面。这样一来，自己的队伍就会得到最低的总分。举例来说，如果我们的四位选手能够跑出第四、第六、第七和第九名的成绩，这样依然可以打败跑出第一、第二、第十二和第十八名的队伍。

因此，在整整两英里半的比赛中，我们会上气不接下气地凭借喊声来互相鞭策、鼓励。当肌肉酸痛、体力不断流失之时，这种比赛将会变得更像是一场意志力的竞赛，而非单纯的只靠运动细胞支撑的比赛。无论是在场上还是在平时，我们都会不断地鞭策队友。如果有人开始懈怠、落后，其他队员就会很快出面提醒他。这项竞技需要全体队员竭尽全力才有办法获胜。为了能让全体队员迅速通过终点，大家几乎用尽所有办法。换句话说，也就是竭尽所能支持队友获胜。而这句话，就在我们的荣誉典章之中。

我们几乎包揽了所有越野田径赛的冠军，就算没有获得冠军，也必定是排名靠前的队伍，而我们队中几乎没有任何超级运动明星。也就是说，我们是一支冠军般的队伍，这是我人生中第一次在肉体和精神上深刻地体会到什么是团队。我从中所学到的经验直到今天还在用。我一直和那些不断鞭策我，同时也愿意让我鞭策的人为伍。这对我们双方来说都非常有益处。如此一来，我始终蒙受上天眷顾，获得了超乎想象的友谊、成功和财富。

我也观察到，当人们在压力或者利害关系极大的情况下，他们往往就会有所蜕变。我从未见过不需面对庞大压力就能凝聚成坚强团队的例子。所谓压力，可能来自于竞争，或是其他外来因素，甚至是自己给自己的压力。在越野竞赛中，当时我们很清楚每位选手、每一秒钟、每跨出去一步，处处都关系到本队的胜负。而透过这层共识，让我们更加紧密地团结在一起。我们也知道，团队的成功远远高于个人的目标。没有人愿意让队友失望，获得胜利的渴望也在严厉地驱使着我们。我们的典章正好说明：无论如何，大家一定要团结在一起，在那些真正紧要的关键时刻，大家团结一致，竭尽所能地获取最终胜利。

团队提示：

只要愿意服从荣誉典章，它就能激发团队全体成员最佳的一面。

但是，一旦外在压力升高，个人的内在情绪也经常会随之高涨。每当发生这种状况，人的智力就会有往下降低的倾向。处于压力之下的人们就会开始依照原始本能行事，也会赤裸裸地展现出自己的本性。这时，也通常会有很难堪的事情发生。请大家试想一下，你是否曾经在压力之下说出一些话，结果没几分钟后就后悔不已？大家都一样，是吧？这就是我时时在说的"情绪高涨，智力就低"的情况。我曾经见过平日合作无间的团队，但一旦发生不顺利的事情，他们多半会立即回归"自扫门前雪"的状态。只要一发生危机，大家一般只顾自己逃命，那是因为没有一套规则来帮助他们渡过难关。因此，导致他们逐渐习惯在情绪高涨时仓促做决定，而这些决定通常无法顾及全体的最佳利益。

举例来说，很多的婚姻都会以离婚收场。当生活处于压力之下时，人们很难进行有效的沟通，更不用说存在着维持双方关系的荣誉典章或是行为规则的共识了。商业伙伴发生争执也是同样的道理，这就是因为缺乏共同遵守的规定或指导方针。以上两种情况有时会变得很丑陋，这并不是人们彼此之间不愿沟通所造成的差异，而是双方没有事先讲好规则与期望，导致人们在情绪激动时往往就会依照本能行事——每个人依照自己当时的情绪，各自做着自己认为最有利的事。而人们在这种状态下，确实很难做出妥善的决定。

我也知道，你不会从来没有面临过任何压力，对吧？

相信每个人都有体会压力的时刻。每当你情绪激动、面临期限压力，或者对家人、同事发脾气的时候，你将很清楚地知道，尝试和对方进行沟通、谈判几乎是不可能的事。为什么会这样？因为当时的状态完全不对劲，而这就是你之所以需要荣誉典章的原因。你必须在正常、冷静的状态下建立团队的行事规则，并且告诉所有人在发生状况时，究竟该如何应对。唯有如此，当面临高度紧张和压力之时，人们才会依靠规则而不是自己的情绪来引导自己做出正确的行为。请你务必相信，荣誉典章并不是在发生状况时才会被拿出来说说的行动纲领。这些规则一旦被打破，就必须被立即指正才对。

荣誉典章的严格程度取决于团队的需要、任务和挑战。海军陆战队的荣誉典章可让士兵们在战事中更加团结。在枪林弹雨之下，逻辑推理和团体行动有时甚至比生死还要重要。不断重复典章和它的规则，可把团队训练成为一个合作无间、彼此互相信任的团队，而不是一群为了自身安危而四散逃命的乌合之众。

拥有一套荣誉典章并不能保证团队百分之百处于快乐之中，有时它甚至还会让团队遇到棘手的状况。例如荣誉典章有时会产生不愉快、对立的情形，甚至让个人变成众矢之的。但就最终的结果来看，它具有保护队员的作用，得以让大家免于被伤害、被忽视以及做出违背伦理道德的事情。只要愿意服从荣誉典章，它就能激发出团队全体成员最佳的一面。

你绝对不要认为，人们都懂得采用荣誉典章这一套观念，它并不是自然而然就能凭直觉而产生的共识。这必须要有人"做"给你看，必须通过学习别人而形成规范与观念——来自父母亲、教练、领袖或是朋友，而且必须要能获得周遭所有人的认同才会有效。所有的人际关系都一样，无论是自己的事业、家庭，还是与自己相处——只要是想从中获得快乐和成功的关系，它多半都适用。

美国有近五成的国民生产总值都是由小型企业所产生，而在这些小型企业中，又几乎有一半以上都只是一人公司的规模，或是在家工作，只有自己是工作者。我之所以在这里分享这个资讯，只是为了强调一个重点：单单一个人所拥有的影响力，远比你自认为的还要大上许多倍。你怎样经营自己的事业，绝对会影响到许多人的生活。

团队提示：
荣誉典章是自身内心的投射，并且会吸引追求同样标准的人们加入。

你的名声、收入和寿命，都由内心和外在行为的一致性来决定。国家的未来，也完全掌握在那些能负起经济、市场、企业和家庭责任的人的手中，而这个人就是你自己！你可能认为自己很渺小，但是你绝对不能怀疑自己影响别人的能力。你的荣誉典章就是你内心的投射，而且还会吸引向往同样标准的人们加入。你怎么经营自己的企业远比你所能提供的服务更能对他人产生大的影响。

现在请你务必下定决心，替你自己还有你所处的团队建立一套荣誉典章。只是，你的理念是什么？你想对这个世界展现怎样一种典章？你团队的凝聚力到底有多大？你希望自己的生活有多快乐？

我在此所能帮助你的就是告诉你步骤和窍门，给予你鼓励，帮助你打造出一个杰出的团队，借此为你和你的团队创造出你们与生俱来、本所应得的财富、满足和快乐。因此，在接下来的一章中，就让我们谈谈在你的团队中到底应该拥有哪一些人。

团队练习

1. 互相讨论一下，自己曾经参与过哪些杰出的团队？当时的情况如何？团队中有着什么样的规矩？自己当时的感受又如何？

2. 如果自己的事业也拥有一套荣誉典章，这将会带来什么样的好处？而自己的财务、健康与家庭等方面，如果也都各自拥有一套荣誉典章，这将会有什么好处？

第三章
与你为伍的人决定你的财富与成功

如果你的团队一开始就拥有优秀的成员，那么想要打造出一个合作无间的团队，一切将会事半功倍。无论是企业、非营利组织、俱乐部、社区团体、政府部门，还是家庭，都一样。不能光看他们的才华和热忱，还要看他们是否愿意遵从荣誉典章，这样你才能找出最优秀、最杰出的成员。

事实上，对于自己团队的成员，我们有时并没有任何选择的权利。但是，设计一套荣誉典章却能让那些尚未加入我们团队的人清楚这个团队是否适合他们。至于那些已经加入团队的成员们，典章也可以让他们决定自己要不要继续留下来。

我知道这听起来有一点残忍，但是你必须下定决心。你的一切努力只是想要生活过得去、不被人讨厌，还是想真正获得胜利？我这样说吧，就算我想要加入费城老鹰职业橄榄球队，但是可能吗？毕竟凡事一相情愿肯定是不够的！故而我必须回头想想，我有为这支球队效命的本事与天赋吗？答案是没有！

将一群拥有共同目标的人摆在一起，不一定能形成杰出的队伍。这一群人必须互相承诺、共同致力于一个被大家认同的目标，也必须了解在这个过程当中，自己的长处与能力将会一再面临考验，并且被迫发展到极致。每个人都愿意为了团队的最大利益放下个人偏见，并且愿意遵从一套有可能会让他们被检视、被纠正，甚至是被批评的规则。团队并非一直都过得很快乐，有时充满情绪，有时一团糟，让人感觉非常不愉快。但是一支杰出的队伍所能达到的成就往往能够带来超越这一切的快感——一支炙手可热的队伍所拥有的队友彼此之间的信任和充满自信的程度，是千军万马都挡不住的力量。真正的团队，其实有着非常清楚的优先顺序：

◆使命第一

◆团队第二

◆个人第三

这十五年来，在与我共事过的组织当中，我曾发现他们的优先顺序很多刚好与上述的内容完全相反。我发现很多人都想先知道自己会有什么好处，如果他们确定可以获得这些好处后，那么在不损及自己的时间、金钱或努力的情况下，他们或许愿意帮助团队中其他的成员。这些都满足了之后，他们才会支持原来的使命。

很不幸，这就是很多的团队仍然在平庸之中挣扎的原因，因为不管他们说什么（任何人都可以编出一套美丽的说辞），使命永远被抛在脑后，结果就是个人利害主导一切，使得领导者、老板或创业家们不得不独自奋战，只能期待自己能够幸运地获得他人偶然的帮助。以目前的社会现实来说，多数人都不相信"只要致力达成使命，周遭事物都会一并水到渠成"的论点。

以上这些状况，不能算是拥有团队。

以富爸爸的团队来说，"提升全人类的财务状况"这个使命为团队的第一要务，要不然你不能继续待在这个团队之中。你必须每周七天、每天二十四小时随时响应使命和团队，并将自己的时间、金钱和顾虑放在一旁。你猜猜看，这么做的结果会如何？在这种情况下，每位队友都获得了空前的胜利。而先前所提到的团队范例中，那样的行为只会衍生出一大堆借口，反而几乎不会产生任何实质性的结果。

　　我再介绍一个例子。我在加州曾经拥有一家专门和航空业者配合的地面运输公司，员工们每天二十四小时不停地轮班工作。他们每天替货柜车装载货物，其实是有着一定的时限的。如果凌晨三点钟之前无法装柜完毕、准备出发，那他们就没有办法将货物准时送达美国东岸地区。有几次，他们白天所收到的货物数量多到严重拖累晚班装柜的进度，直到晚上十一点左右，大家已经很清楚无法在规定时间内完成所有的工作。因此，凭借一个真正团队的作风，晚班主管开始打电话，把白天已经辛苦工作了一天的同事全部叫回公司来帮忙。

　　这时，没有任何人抱怨。工作流程改为由白班的同事帮忙处理所有的文件和行政作业，而让晚班同事全力集中装柜，以便准时发车。结果，就在凌晨两点四十五分的时候，所有的货柜车终于装柜完毕，顺利出发，任务圆满完成。所有的同事相互击掌，有些甚至兴奋得一起去吃早餐。这种状况虽说并非经常会发生，但是每次都会让所有的人充满自豪感和成就感，没有任何人要求加班费、补假或是特殊待遇。这就是我之前所强调的——"使命第一，队友第二，个人第三"，至于为什么会这样？是因为我们的荣誉典章中有一条说：绝对不可以抛弃需要帮助的伙伴！也因为这一条规则，公司上下没有任何人会觉得自己孤独无靠，当然也就不会有人将队友弃于不顾了。

　　以当时的情形为例，公司的使命就是要把货柜装载完毕并且准时发车。但是在这里要特别认清一点，就是在企图达成使命的过程中，团队的需求（以这个范例来说就是晚班的同事）都获得了满足。而就最后的结果来看，个人的需求也同样获得满足。所有的人都无须觉得压力过大或是孤独无靠，因为所有的工作都如期完成。就在那时，我们无形中就形成了一支必胜的团队。

在这里也必须认清另一个重点：拥有想要加入团队的意愿，并不等于拥有加入团队的资格。因此，你要决定谁才是适合加入自己的团队的人才。

精挑细选：替团队找成员

如果不能单靠意愿强弱来决定，那么建立队伍时又该注意哪些事情呢？例如你愿意跟什么样的人为伍，是那些会激励你向上，并以高标准来要求你的人？还是凡事都会拖你下水的那些人？这一切都必须由你自己来决定。随着年龄的增长，这件事情越发不容易做到，因为只要你想这么做，你就必须打破一些早已经熟悉的旧习惯和社交圈，而这其中也会产生情绪上的道义责任。因此，你越早检视自己适合与哪些人为伍，将对你越有帮助。当你在建立任何团队的时候，以下几个问题你必须要清楚地问问自己。

✔ 他们的能量如何

我们销售狗的座右铭是：谁的能量高，谁就会赢！对任何需要和人打交道的团队来说，这句话都适用。尤其在进行销售的时候，这句话更为重要。这里所指的能量是什么？就是主动接触、互动频繁、好问、活跃、正面并充满希望的能量。杰出的队友在想事情或说话时，绝对不会用"没办法"这种字眼，而是用"我们如何……"这种方式。看到这里，你知道我在说的是哪一种人吗？他们是用自己独特的方式让所有的人都能感染到他们的兴奋和热情，冷静和专注，或者是力量和自信的人。我再三强调能量的重要性，因为它会完全弥漫在自己的所作所为之中。和他人相处时，它也是展现能力和产生亲密感的主要依据。同时它也能让我们凭着高昂的精神状态来与外在环境合而为一，以此提高进展速度和增加机会。你到底要跟什么样的人为伍？自己不妨好好地去想一想。批评是可以偶尔为之的，有时候甚至还很重要，但是在此我想请问一下：批评容易"增加"机会，还是"扼杀"机会？

✔ 他们是否有获胜的决心

富爸爸团队有一条规则：你必须要对获胜有着极度的渴望！这并不是说你必须要百战百胜，但是你每一次的出击都要全力以赴。有些人只想讨人喜欢，过得安逸舒适，并且隶属于某一个团队即可。这种想法严格说来也没有什么不对，但是他们真的想要获胜吗？他们是否愿意竭尽所能？我相信很多人都会说自己想要获胜，但是这真的是真心话吗？

请大家扪心自问：我是不是真的想要获胜？如果是你，难道会容忍自己的团队中存在只想领薪水，终日厮混，而不关心团队死活的成员？当然，没有人会不喜欢赢，但是他们是否愿意投入相当的时间与精力来达成？我在这里并不是要强调大家必须辛苦工作才行，但是我确实坚信，你必须竭尽所能才有获胜的机会。大家是否都愿意放弃短期的利益，来换取日后的胜利？

✔ 他们是否愿意让其他队友获胜

加入一个团队的意思就是说，你愿意把个人迅速获益的渴望暂时搁在一边，并且愿意全力支持其他队友。也就是说，你并非每一次都是队里的大明星，如果能对整个团队有利，你必须要能坦然接受自己偶尔也要坐坐冷板凳的窘境。如果队友提出更好的主意，更要有保持开放心胸并且仔细聆听的雅量，在对方完全叙述完毕之前都要保持缄默。对于那些急着先询问薪水高低，而不是团队使命的人，我们都应该要给他打上一个极大的问号。

✔ 他们是否会负起责任

对于任何想加入你团队的人，他们都必备具备"负责任"的特质。遇事不会责怪他人，而愿意承认自己的错误。在进行面试的时候，记得要询问应征者：截至目前，你们曾经犯过的最大错误和最大胜利各是什么以及是怎么发生的？是什么地方出了错误才导致犯错？你们是不是习惯遇事就责怪他人？是不是当时的状况已不是你们所能控制的？你们从中学到什么样的经验？在问过上述这些问题之后，仔细聆听他们的回答。

你肯定不会想要那些无法负责，或者总是习惯指责他人的家伙加入自己的团队，因为这些人只会酝酿不信任感，进一步摧毁整个团队。你要找的人是那些会说"我从中学到了……"、"下次如果再遇到这种状况，我会……"的人。

✔ 他们是否愿意遵从荣誉典章

任何想要加入你团队的人，他们必须要先清楚了解团队目前所拥有的荣誉典章。在你对团队的荣誉典章加以解释之后，面试者可以从下列三项中选出自己的答案：

◆完全同意，太棒了！

◆完全不同意（这种情况下，这位面试者就不适合加入团队）。

◆通过进一步询问，理清疑问。

团队提示：

确保任何加入团队的成员都拥有独特的能力或才华，千万不要随便找人滥竽充数。

以我设在加州的运输公司的荣誉典章为例，当新人接受面试时，有时他们会问：帮忙夜班工作，有没有加班费？这时，我们公司的招聘人员会带着微笑回答说：不会！并以温柔、坚定的口气告诉他们，这家公司可能不适合他。这不是在说前来应征的都是坏人，只是他们无法融入像我们这样的企业文化之中，用我们这种方式来贯彻"绝不抛弃有需要帮助的伙伴"的精神。

✔ 他们是否拥有独特的才华或能力

在理想的情况下，每一位成员之所以能加入团队，主要在于他们在各自的岗位上都拥有独特的能力与才华。会计师们不需要拥有艺术方面或文案编辑的能力，业务员不需要从事工程师的工作。当建立一个全新的团队或重组既有的团队之时，你确实要找最优秀的人才来从事他们最拿手的工作才行。前洛杉矶湖人队的沙奎尔·奥尼尔身高超过两米，体重一百多公斤，他虽是一位非常杰出的篮球中锋，但他可能会是一个糟糕透顶的赛马骑师。了解我想表达的重点了吗？我们稍后还会详细说明。

◇ 一位优秀的团队成员所应具备的特质：

团队检查表

1. 充满精力

2. 拥有坚决且渴望获胜的意志

3. 愿意让其他队友获胜

4. 愿意担当责任——不会责怪他人或为自己找借口

5. 愿意服从荣誉典章

6. 具有特殊的才华或能力

总而言之，你的团队会拥有什么样的成员，完全取决于你所定的标准以及你所服从的典章。一旦你能够清楚地向他人表达自己是怎么样的人、你所要求的标准是什么、哪些行为能被接受或不被接受，就会有许多愿意遵守这些规则的人排队加入你的组织。当然，同样也会有人选择转身离开，因为他们不愿意遵守这样的规则。不过，这也没有什么大不了的。

在挑选团队成员的时候，我通常会遵照比尔·寇斯比（Bill

Cosby，美国影集《天才老爹》男主角）在他的电视节目中所提供的建议。他说：我不清楚成功的关键是什么，但是我很清楚失败的关键就在于想要讨好所有人。也就是说，你如果想要让所有人都满意，那你往往就会招惹一大堆事情。而这样的结果就是，你必须处理各种人与人之间的敏感问题。你早已有太多的正事等着你去处理，而且你大概也不具备心理分析的背景。所以，你干吗要给自己找麻烦呢？

高度的期许

如果这个人充满能量，愿意把个人的需求摆在第三位，且拥有竭尽所能获胜的决心，肯担当责任，认同并愿意服从荣誉典章，又有一点点才华……那么这其实就可以算是一个好的开始。你务必要确保大家都非常清楚规则而且认知一致。

虽然世事多变化，但是规则不应随便更动。无论发生什么事情，请记住永远以典章为准则。随着团队日益壮大，要更加严格地维护典章才能确保卓越的绩效。假设一家只有五人规模的公司，当它坐落于亚利桑纳州凤凰城时，它的典章其实是很容易维护的。但是，如果公司开始在纽约、伦敦、悉尼、洛杉矶或芝加哥等大城市成立分公司时，想要大家遵照同一套标准与规则来行事，凡事就会变得越来越困难了。

大家不妨做做下面的实验：找一段长约一米的尼龙绳，并在其中一端绑上一个小重物。接着，使重物在自己头上转圈，就像一个西部牛仔在玩弄他的套绳一样。这时，请你试着转快一点，看看结果会怎样？你会发现，你的手必须将绳子握得更紧一些才行。现在请你再把绳子放长一点，结果又会怎样？你会发现自己不但要把绳子抓得更紧一些，就连转动重物的速度也得加快，因为只有这样才能确保绳子保持在原来的高度上旋转。

也就是说，当团队人数越来越多的时候，典章必须更加严密地规范大家，大家也要更加严格地要求自己去遵守，甚至连演练的次数也要开始更加密集。另外，你也必须加快动作，否则任何事情都会变得无法控制。公司在开始成长的过程当中，通常会发生这样的状况：员工们会变得越来越官僚，执行的效率也会越来越低。

从另一个角度来看却不是这样的。我的一位客户是新加坡航空公司的，他对公司内部高级管理阶层的要求，在别人看来就显得非常不合理。每位资深经理往返于全球各营业网点的次数非常频繁，持续不断地在重申新加坡总公司的文化、态度与典章。主管们牺牲与家人相处的时间，花费很多时间在空中飞来飞去，只是因为认同并承诺要发扬这一家已有四十多年历史的航空企业的精神。他们将效率、重复不断以及深化的文化内涵融入组织之中，因而让新加坡航空连年被评选为全球最优秀的航空公司，就算是面临航空业史上最惨淡的寒冬，它仍然能够持续创造盈余。

如果在团队原本就存在的情形下，那么我们必须对典章做一番选择。假如多年以来，团队成员都不清楚规则，那么他们现在就有权利进行选择。也就是说，他们有权利选择服从或不服从这套新的典章。如果不经过事先的警告或说明，直接就将这套新规则强加在别人头上，这确实是一件很不公平的事。但是现在，他们就得做出选择才行！这是件很不容易的事情。但是请你不要忘记：如果没有明确的规则，人们就会各凭自己的想法来行事。人生最大的冲突，往往都是人们依照着自己与众不同的规则行事而产生的。

有趣的是，就算产生这类冲突，双方依然都会认为他们的立场完全正确，而不会觉得自己做错了任何事。为什么会这样？这是因为他们所遵守的是他们自己所定的规则。心怀不满的员工总是会不断抱怨老板对他们的要求太高，甚至迫使自己辞职。这些员工自己的规则是：只要老板持续支付薪水，我们都会竭尽所能在上午九点到下午五点之间完成老板交代的工作，至于超过的部分都要算加班。而老板的规则是：无论我们支付薪水与否，员工都要竭尽所能地完成被交付的工作。这并不是谁对谁错的问题。这是我们必须在心平气和的状况下制定规则，并对每一条规则都做出清楚解释的原因。

那些替美国运动汽车竞赛协会（NASCAR）工作的技师们，个个都非常有才华且经验丰富，而这正是从事这个行业的必备条件。但是，不管他们资历深浅，只要一被新队伍所雇用，每个人的第一件工作都是堆轮胎。你知道这是为什么吗？这是因为他们不但需要了解团队中每一个工作环节的重要性，而且也必须了解他们新加入的团队的文化是什么！身为一个新进队员，他们所拥有的立场是先服务他人，而不是成为明星人物。

当你在挑选新队友的时候，你必须观察他们加入团队后是否依旧愿意服务他人、保持低姿态、仔细聆听和不断学习。如果他会这么做，你就知道这个人亟欲获得其他队友的认同，并且致力于成为一位优秀的团员。任何组织都拥有一套自己的规则，一套自己行事的方法。因此，在加入任何形式的团队之时，事先了解这个团队的规则以及它对你的期许等都非常重要。如果新进技师缺乏这样的认知，我才不愿意坐上由他整备的赛车，而我相信，你也会不愿意！

团队提示：

每个人都拥有自己的一套规则，这就是在你的团队中需要建立一套规则的原因，因为只有这样才能让每个人都遵守相同的规则！

发挥所长

我们已经介绍过打造团队的方法，也就是询问对方关键的问题，判断其动机，通过沟通使双方了解彼此之间的期许，等等。接下来我所要说的这项因素，也许是本书最重要的一个论点，也就是清楚了解团队中有些什么样的人。

如果你无法记住本书全部的重点，请你务必要记得这点：成功的关键在于发挥每个人的长处。

不知道上次你被要求进行工作上的绩效评估测验是多久以前的事了，我敢跟你打赌，我知道后来发生了什么事情。你肯定会看到一份详细说明自己优点与缺点的评估报告书，然后主管会跟你说一些什么，内容必定就是：缺点要加以改进。我在这里要告诉你，这么做完全是在浪费时间。光是要发掘自己的长处就已经很不容易了，为什么还要浪费时间去尝试加强自己先天就不一定具备的能力？难不成你会指示别人去做一些他们根本不擅长的事情？！

一个优秀的团队就是凭借荣誉典章来将彼此紧紧联系在一起的，并让所有成员得以发挥个人长处。富爸爸学院所要推广的主要观念之一就是：在寻找事业合伙人时，请记得要极力寻找具有特殊才能的人。这是因为只有如此才能发挥互补的作用，才能弥补彼此之间的缺陷，进而提升产品或服务的价值、品质与多样性。

想要从无到有，打造出一支百战百胜的冠军团队吗？请记得先把每位队员的专长找出来，光是"擅长"或是"足以胜任"还是不够的，要有"出类拔萃"的能力。当你做成这件事情，你的团队不但能一展所长，而且所有成员都会非常满意并且充满自信，因为大家最终都获得胜利了。

同样，这个道理也适用于家庭。举例来说，我和太太之间的关系就像是伙伴一样。我的工作是从商、销售与创造收入，这是我独到的能力。而我太太独到的商业技能却是观察细节的能力，她能立即辨识出固定的规律或模式。当然，她也是一位非常优秀的母亲，非常热衷于儿女们的教育。我们的伙伴关系非常成功，因为双方都为对方贡献出了自己独特的能力。

也许你无权掌控团队成员是否能充分发挥他的长处，但是你绝对可以掌控自己与哪些人为伍。

你周遭是否充满不断抱怨自己工作的人？你的工作环境是不是充斥着根本不喜欢自己的工作，但是为了领那份薪水一直忍气吞声的职员？在这种情况下，大家只会彼此耗损能量，而且永远无法尝到胜利的滋味。我们要把自己放在一个大家互相"积极抢着完成任务"的环境中，因为在这个环境中，每个人都在从事自己最擅长的工作——热衷研究的人在分析数据，创意人才在发挥创意，热爱销售的人在从事业务工作，等等。如果你身边充满这些人，你的能量将会不断地获得提升。

设限与制约

打造团队所面临的最大问题就是，一般人根本没有学过如何以团队的方式进行分工合作。在学校中，我们被塑造成独力完成工作的模式；而在课堂中，通力合作又会被视为作弊。

当你在求学阶段，你记不记得要依照分配曲线来打分数？只要是成绩最高的同学，不管他真正的分数是多少，都会得到"优"的评价。如果某次考试大家都考砸了，这种计算成绩的方法也不坏，对吧？但是成绩最高的这位同学，其实是牺牲了其他同学，以其他同学为代价，才获得这样的评价。

我们从小就被告诫不可以找同学帮忙做功课，因为这种行为会被看成是作弊。至于有谁看过我们所写的报告，当然只有老师啰！因此，除了老师的意见之外，我们从来没有从其他地方获得其他评语，也不知道自己所写的报告是否能真正引起人们的兴趣。同学之间也不会有谁愿意去协助他人进步或是更上一层楼。事实上，如果按照分配曲线的方式来打分数，你就会期待别人最好考砸了，而在这种方式之下，根本就无法倡导协力合作的精神。

然后我们进入社会，走进职场。也许你跟我有着相似的经验：老板告诉你要做什么，你照做就行，你不用质疑什么，你也不要希望其他同事会配合你完成工作。如果你无法如期完成工作，就会面临被开除的命运。没有人会来帮助你完成工作，就算你开口求助，或许人家还会质疑你从一开始根本就不胜任目前的工作。

想想看，你是否遇到过上述的情形？

你还记不记得曾有一句老生常谈：想要把事情做对，最好就是自己动手做。请你试想：如果团队中有一群人都是以这种观念为出发点来做事，那究竟会发生什么情形？

绝大多数人并没有以团队进行工作的能力，想要改变他们原有的心态也真的很不容易，老是担忧队友是否会让自己失望，或者担心万一发生状况，又该如何面对他们。这种想法简直就是浪费生命。

《爱比琳镇之矛盾》（*The Abilene Paradox*）一书的作者，也就是乔治华盛顿大学管理科学教授杰瑞·哈维博士（Dr. Jerry B. Harvey）。他对"背叛"所下的定义为：面对别人的求助而不予以回应的行为。这是为什么？因为当你只顾着自己的时候，你就已经危及整个团队的利益了。以你一个人的能力所创造的结果绝对无法超越一个卓越团队所创造的结果。如果你不全力支持队友，整个团队就会面临失败的命运，而这就叫做背叛！

加入一个拥有一套严格荣誉典章的团队，就能让人摆脱自己不团结的制约行为，同时也能帮助你成为一位更杰出的队员。

和睦相处

想要产生有效率的合作模式，团队中所有的成员必须能够进行良好的沟通。在此，我指出四种增进团队内部默契与亲和力的要素。

✔ 所有成员必须由衷认同团队使命，同时从心底真正关怀其他队友

这不是光用嘴巴说说就行的。在团队或家庭之中，假如你想让他人帮助你和了解你，最好的方式就是从心底关怀这些人。你应该听过这句话：己所不欲，勿施于人。虽然我并非百分之百赞同这一句话，但我相信它有一定的道理，因为有许多人都不愿意好好对待自己！你不一定要爱他们，但哪怕是由衷的关怀也好。最简单的方式就是不断赞扬或认同对方所做出的努力，哪怕是最微小的成就也行，偶尔来上一句简单的称赞——"谢谢你"、"做得好"、"太棒了"等就行（如果你脑袋中有对这种做法感到很不

舒服的小声音，那你真得下一番工夫改正才行）。如果你想在自己的人生中创造财富与和谐，那么根据互惠定律，你必须有意愿先付出才行。而这就是自由职业者和企业家之间最大的差别。

✔ 大家必须有共识：必须能用他人的说话方式及语言来沟通

跟队友进行沟通时，我们应该尽可能地从他们身上所发生的事情着手，而不是发泄自己的想法。应答时，我们不要执著于他们所讲的内容，而是要回应他们心中正在想的事情。这其中有着极大的差别。你有没有注意到人们经常说一套做一套？你可以就此说出自己认为对方正在想什么（而不是说什么）来避免这种情况发生。你要让对方知道你想要了解他，也有倾听他诉说的意愿。这么一来，你所做的沟通就会更有意义，毕竟每个人都想要谈论自己的经验与看法。你有没有遇到过这种情况，就是当你度假回来遇到朋友，虽然他会问你假期过得怎么样，但是不到两分钟，他就开始滔滔不绝地讲他以前度假的经验了。

你可千万不要犯这种毛病！记得闭上嘴巴，专注聆听就好。如果你愿意进入对方的世界，并且敞开心胸仔细聆听，你将会非常惊讶对方所做出的回应。

✔ 能精确、清楚、简单扼要地表达自己想说的话

有关这一点非常重要，也就是直接讲重点，够明确了吧。

✔ 要求别人或自己重复他人所说过的内容。也要求别人重复自己刚刚所说的话，借此检查对方是否真的在听（反之亦然）

你想表达的意思，并不一定是对方都能听进去的，反之亦然。所以，我们可以将自己所听到的意思重复一遍，以向对方进行确认。我很清楚自己曾经不止一次误解对方的意思。那么你呢？有时候家中所发生的不愉快、商场上的变卦，或者错失大好机会等，往往不是因为犯小人，而是纯粹因为双方发生误解而已。

◇ 确保团队拥有最佳沟通状况的因素：

1. 在进行任何沟通时，记得展现出对团队和成员的关怀
2. 用他人的说话方式以及使用的语言来沟通
3. 说话简单扼要、清楚明确，并且要挑重点说
4. 重复刚才沟通的内容，以进行确认

一群人在一起工作，并不表示他们就是一个团队。因为，一个团队有许多因素必须要具备，比如你想要达到什么样的目标，为了达到这个目标你必须建立什么样的典章，或者你必须要求大家遵守什么样的行为，团队成员必须拥有什么样的心态、能力和

独特才能，等等。而每个人原本各自拥有的又是什么样的制约与限制。我习惯把这些通称为"结果模式"。

结果
↕
行为
↕
态度
↕
制约、才华和独特能力

结果模式示意图

因为彼此之间不断的交互作用，这四项要素才会互相产生关联，互为因果关系。你获得的结果都是由你的行为、态度和制约来决定的。任何事业，它真正的核心其实都可用这个模式来解释，而这同时也是追求家庭和事业（甚至是个人）成功的重心。

我曾经请教过我的客户——德意志银行，我问他们从我的课程当中所获得的最大收获是什么，结果他们说是上面的这个"结果模式"。他们说：我们学到的是，如果你只把注意力放在结果上，往往为时已晚！没有任何人因为只吃了一块巧克力蛋糕，体重就会超重！接着他们又说：因为这个模式的关系，个人跟团队之间的互动确实与以前大不相同。他们不再光看结果，而是从各种报告中直接检视团队成员的态度、活动和行为。他们还发现如果能及时发现问题，并且依据这些模式（行为、态度、制约）来进行辅导，团队将更加容易获得成功。

团队提示：

结果永远都是由行为、心态和限制所决定的。如果你的注意力只放在结果上，那一切就太晚了。

现在，你要扪心自问，你是否够格加入自己的团队？你会选择自己吗？你会选择自己周遭的亲朋好友吗？如果能让你从头开始、全新出发，你还会选择与同一群人为伍吗？如果你的答案是否定的，我建议你先拟定一份荣誉典章，并给自己一个选择的机会。不提高自我要求的标准，你就得去找新的团队。因为不这么做，你的团队迟早会面临分崩离析的命运。如果你的答案是肯定的，那你们就拥有必胜团队的底子。你当然可以完全靠自己来完成，但是你终究还是需要充满正面能量和拥有获胜决心的团队来支持你。他们偶尔会来骂骂你、鞭策你，这样彼此之间可以不断予以指正。同时，凭借荣誉典章，大家才能更加紧密地凝聚在一起。

那么紧接着，就让我们来谈谈如何建立自己的一套荣誉典章。

团队练习

1. 讨论你在面临压力的情况下会有哪些违反团队精神的信念浮现，这些信念可能会对你产生什么样的影响。

2. 列举出你希望新进的队友拥有哪些人格特质。如果你打算为自己的事业创建梦幻队伍，在暂不考虑资金问题之下，你想找哪些人？立即去找他们，或者联络拥有相同才华、态度和能力的人才。

3. 把"结果模式"做成大张海报悬挂在所有团队成员都能看得见的地方，并且经常利用它来强调自己想要获得的结果。

4. 整个团队一起或几个人私下分享彼此认为对方拥有什么样的独特才华或能力。这时，绝对不要讨论对方的弱点，聆听时也不要做任何回应，随时留意自己脑海中的小声音在说些什么。凭借认可对方来表示自己确实听到对方的谈话内容，而且绝对不反驳。此外，在家里也要进行同样的练习。

5. 从现在起，对自己的沟通结果负完全责任。例如制作一份海报，并在上面写道：我怎样沟通，就会得到怎样的结果！

第四章

建立一套能激发潜能的荣誉典章

很明显，如果想要在既有团队之中建立典章，你就必须先彻底弄清楚谁真的属于自己的团队，你们才能坐下来一起创造荣誉典章。也正是因为典章是由整个团队一起建立并且获得大家认同的，所以在未来面临挑战与压力时，它才能将整个团队紧紧凝聚在一起。

如果你是从头开始，那么在尚未组成团队之前，你就必须先把自己的典章弄清楚。这样你就能开始吸引那些倾向于认同你典章的人。

只是很不幸，人们通常要到面临压力之时才会发觉团队中哪些才是自己人。而一旦等到那个时候，进行沟通往往为时已晚。这就是要事先制定标准和规则的原因。一旦架构清楚，无论是在顺境还是逆境，每个人都能了解如何相互对待。

这些规则包含专业、团队精神、诚信、沟通等，你必须要先决定自己想要展现的绩效，当典章越严谨，绩效就会越高。

无论是运动、人际关系，还是财富等领域，也都有着一种共通性的原则，而这也是"公差越小，绩效就越高"的原因。在此，请容我打个比方：我进入高中所获得的第一台汽车，是1963年的雪佛兰（Chevy Nova）敞篷车。那台车子的最高时速约每小时八十公里，而且还是在下坡状态才能达到。我虽然很爱那台车，但是心里却很清楚它并非一台高性能的汽车。

而另外一种状况是，我太太曾经替诺斯洛普公司（Northrop）做事，这家公司专门制造F-18战斗机，就像你在电影《捍卫战士》当中所看到的一样。很明显，这里所用的机件远比我的高中爱车优秀。他们焊接专用的铆钉都放在干冰中储存，等到要锁到机身上之时才会拿来使用。他们的制造规格所采用的公差容限精度非常严格。这台战斗机在速度、高度和灵活度上的要求都可以说是非比寻常。

请你想象一下，假使把我那台老爷车以三倍音速的速度划过天空，它肯定会立刻在空中解体！同样的道理，如果F－18在跑道上以每小时八十公里的速度运动，它是绝对无法起飞升空的。

问题在于有许多组织、团队或团体都梦想自己能达到F－18一样的表现水准，可是他们运作时的容限值却像我的那台老爷车一般！光是想着要创造一个百战百胜的队伍，或者下定决心要发挥潜力……这些其实还是不够的。当你带领着自己的家庭、团队或团体挑战极限时，如果事先没有制定严谨的规则，一旦面临压力，团队必定溃不成军。

团队提示：

绩效越高，公差容限值就要越严谨。

海军陆战队拥有最严格与死板的荣誉典章，这是因为当子弹从头顶上方呼啸而过时，脑袋会随着情绪高涨而变得一片空白。凭借不断的演练，试图将这些典章深植于队员们心中，因为唯有这样，才能在这种持续的高度压力之下维持团队的正常运作。团队绝对不能容许个体只顾找掩体来自己保命。在这个例子中我们可以知道，规章的确是一种决定生死的关键因素。我们需要事先制定明确的规则来确保每个个体都能做出正确反应，以保护整个团队的安全。

在自己的公司或家庭中，同样也是这种情况。你的事业兴衰取决于你如何处理逆境，对你的家庭和孩子来说也一样。有时候，团队成员也许只顾保护自己，而不顾整体的最佳利益。这是很自然的情况，因为这正是一种被制约的本能反应。但是，若想要提升家庭、配偶或团队之间的承诺，并且将之连结到更高的境界，这样自私的行为就有可能会抹杀我们先前所做的任何努力。这时，唯有荣誉典章才能让大家肩负起彼此的责任与使命。

每个家庭或婚姻都免不了会经历一些波折。典章可以将人们紧紧联系在一起。要不然，小孩子们可能会自作主张地做出一些对自己不利的抉择；另一半也可能因为分心、焦虑、压力而说出或做出一些他们会懊悔的事情。典章是一套双方在理智冷静的状况下，一起同意的规则，它迫使你扮演自己事先认同的角色。

你必须要决定自己想要做出何种程度的努力，是转角卖冰的小摊贩，还是炙手可热的大企业家？是方便马虎的男女关系，还是终生挚爱的婚姻？是一群高谈阔论共同理想的乌合之众，还是一个百战百胜的团队？

你的典章将会决定你的表现，同时它也是吸引新人加入团队的因素。越是强而有力的典章，其吸引力就会越强。它就像是一座灯塔，吸引具有同样想法的人们。你的典章越清楚明确，想法接近的人们就越容易受到它的吸引。

如果你不喜欢被别人命令、剃光头或射机枪，那你就不要加入海军陆战队！但是在那里受训的人们，却都个个爱死它了！一体适用的典章并不存在，典章之间也没有所谓孰优孰劣的问题。每个人都拥有自己的一套价值观，并且会被不同的典章所吸引。例如新加坡航空公司的典章就和美国航空公司的不一样；天主教和长老派教会的典章肯定也不会一样。毕竟每个人的偏好不同，可是请记住：一旦你加入某个团队之后，自然就应当遵守他们的规定。

任何良好的关系都具有全体成员同意遵守的规定。无论是从商创业、运动竞技、人际关系，还是家庭等，都一样。

在此我先讲清楚，我不是婚姻咨询顾问，也从来不曾想过要从事这一个行业。但是我知道有近百分之五十的婚姻以离婚收场，这个数据倒不会令我感到惊讶。我相信理由大多是许多伴侣之间没有清楚的约定，或是两人各自按照自己的规矩行事。一旦感觉压力过大，他们就很容易回到自己原有的规则。

我的太太爱琳（Eileen）和我共同拥有一套典章。为什么？因为婚姻是我们生命中最重要的一支团队！我们都想要维护它，并且让它兴旺成功。以下是我们典章当中的一些规则：

◆ 无论我们身在何处，每天都要联系彼此（因为我经常到处旅行）。

◆ 处理双方的歧见，直到问题被彻底解决为止。

◆ 一起学习。

◆ 信守承诺。

◆ 承诺投注于自己个人的发展与教育。

这些规则可用在任何团队之中，不管是家庭还是职场。因此请你想想自己生命中的各种团队：家庭、工作单位以及社区。你想在社会上传递什么样的信息？你想对别人造成什么样的影响？

建立荣誉典章的步骤

建立一套荣誉典章有以下几个步骤。

✔ 要在冷静、理智的状况下建立典章

这一点我之前提过，但是在此重新强调一遍也不为过。不要等到压力临头、情绪翻腾，或是期限将至、兵荒马乱的时候，我们才来建立典章，我们必须在所有人的思绪清楚以及非常理性的状态之下进行才对。很多人在混战之中才想要临时创造、规定并执行规则。奉劝你别做梦了！别忘了：情绪高涨时，智慧就会随之降低；硬要这么做，只会让事情变得更糟糕。如果你发现自己面临这种情况，请立即暂停，等到大家头脑清楚的时候再来定规章也不迟。

当然，也别急着要在一次会议中就完成一切步骤。就算你能找出大家神智清楚的时间，也并不表示你就得在这段时间内把所有的事情都完成。在创造典章的过程中必须投入很多的心思，而且还不能让大家感觉到厌烦。一般会需要几天、几周的时间，有时甚至需要几个月的时间。

再者，若是能够安排一段时间让大家都能离开办公室喘口气，远离那些响个不停的电话以及堆积如山的收发文件，这也会是一个好主意。我并不是倡议一定要全体员工飞一趟夏威夷来做这件事情（虽然我想肯定不会有人抱怨），而是建议到邻近饭店租一间

会议室，并叫一些外卖点心来轻松一下。反正就是要让大家在这整个过程中充分感觉到舒适、思路清晰，因为建立典章必须在脑筋清楚的状态下进行。

我有位客户是全球美发产品的经销商。我们已经花了两个多月的时间替客户的美发师们拟定一套荣誉典章，而我认为尚须花上几个月的时间才能完成第一个版本，因为定义所有的规则确实需要经过不断讨论和激辩。从另一个方面来讲，这是一件好事！我马上再给各位看一个实际的例子。

✔ 找出经常发生并一再影响团队绩效的阻碍

我曾受邀于一间全球投资银行，针对他们的交易员进行辅导。这一群人都非常聪明、内行、动作迅速、自大且自傲，而我的工作就是要把他们打造成一支百战百胜的团队！

在建立荣誉典章的时候，他们提出了这么一条规则：禁止在交易场所当众羞辱他人。对他们而言，这是一条非常重要的规定。为什么？因为当人们处在交易场高压、混乱的环境中时，容易产生坏情绪和坏脾气。当办公室的后台员工来交易场协助交易员进行买卖时，有些交易员就会为了一些小事开始大喊大叫，或是对这些后台人员大发脾气。这对整体的生产力会造成很大的影响，也伤害了彼此之间的感情。同时，这也会影响其他想要进行正常交易的员工。这种行为多半也会产生许多类似"咱们以后走着瞧"的报复心态！他们确认这是一个经常不断发生的问题，并且认定这个问题足够严重到必须替它制定一条规则才行。

而当规则定好之后，也交由全体队员来互相监督、维护。请你们猜猜看，会发生什么事？交易场内的交易员和办公室职员之间配合得天衣无缝，生产力立即出现戏剧性的大幅增加。后来，当华尔街面临巨大跌幅的时候，这支团队的表现大大超越了这家全球公司的任何一处营业网点。原因何在？原因在于他们学会了如何以团队来运作，而不是只顾自己个人的利益。

你的荣誉典章必须能符合自己特定的需求、团队的使命以及自己经常面临的问题，而且不应该用它来规范一些特殊的案例。我们应该要找出那些在团队中不断重复出现的问题。团队是不是常有迟到的现象？是不是大家都无法信守承诺？团队中是不是有许多互相指责、流言不断的现象？你可以创造一些规则来处理这种现象。请不要单看表面的征兆，而要仔细寻找那些真正潜藏的原因。

还有，不要光是找出哪些事情需要改进，还要找出那些做得很好的事情。举例来说，你的团队是否能在压力之下正常运作，并且迎接挑战、完成任务？他们是否可以不断地祝福别人的胜利？请记得要把这些优点隔离出来，并且找出任何有碍于这些优良行为产生的原因。以下是一些荣誉典章的范例，仅供参考：

◆ 绝对不抛弃需要帮助的伙伴。

◆ 要愿意指正并且敢当（我们在下一章会说明这是什么意思，以及如何进行）。

◆ 庆祝所有的胜利！

◆ 要准时。

◆ 实现所有的承诺，并在第一时间处理无法兑现或无法实现的协议。

◆ 直接找当事人（如果你对某人有意见请直接找他，要不然就放下来）。

◆ 要负责任，不要责怪他人，更不要找借口！

◆ 要有所贡献，在丢出问题之前，要先找到解决办法。

◆ 绝对不让个人问题妨碍到自己的任务。

◆ 要对团队忠心不二。

◆ 承诺投注于个人的成长。

◆ 绝对不寻求别人的同情或认同。

◆ 每个人都必须销售！

你可以从我们的荣誉典章中猜出我们是一群致力于个人成长以及销售的组织。许多规定都要我们充分发挥内在与外在的潜力！

什么事情对你的团队而言是最重要的？这是你必须和你的团队一起去发掘的。

✔ 每个人都要参与

如果你打算替既有的团队建立典章，全体一起参与这件事情就会变得极为关键。理由有两点：首先，如果典章是由他们创造出来的，他们自然就会认同它；其次，可以在制定规则的过程中让那些不能接受新规则的人选择离开。这样既可减少日后的麻烦，也可以学着面对现实吧！有些人就是不愿意对别人负责任，甚至无法对自己负责任。如果让全体成员参与整个过程，队员就可以在这个过程中自由选择要留下还是离开。这样一来，他们在事后就无法抱怨自己当初没有机会表达意见了。

我曾经辅导过一家财务管理顾问公司，他们的荣誉典章中有一条是：绝对不可以抛弃需要帮助的伙伴。对他们而言，这句话的意思是：你必须愿意无条件地支持所有的队友。换句话说，如果你完成分内的工作了，而你的队友仍然在为了准时交件进行最后的奋斗，这时你必须留下来提供帮助。这条规则并不是在说，你必须帮助他们做分内的工作，而是要你提供给他们任何所需要的协助。例如，他们需要一杯咖啡、影印一份文件，甚至是精神上的支持等，通过这些来帮助他们完成使命。而且不管你的身份为何，无论你是大老板还是清洁工，都要遵守这一条规定。

这条规定在团队中引起很大的骚动。在讨论的过程当中，有一个人跳起来说：我为什么要为别人的无能或懒惰负责？老实说，这个问题问得很好，而且这个人的确有权提问，因为这样的讨论方式才像样！

必须要提出一些很直接的问题才能把每一条规定都定义清楚。只有如此，才能排除一切误会的可能性。如果大家都同意接受，那是因为大家都非常清楚这条规定的意义。在这里，请容许我稍微提一下有关反对意见的情形。一个团体出现反对意见当然是件好事，就是要这样才有办法打造出一支优秀的团队。当一切尘埃落定，但是却未获得全体队员一致通过时，你可千万要当心了。也就是说，经过多次的讨论，如果仍有人觉得被打压或委屈，那么你们整个团队就要下定决心：

◆ 修正这项规则。

◆ 摒弃这项规则！

◆请持反对意见的队员另谋高就。

如果你们对这类规则不加以解决，我保证日后它一定会找你们的麻烦。届时事情不仅会变得更加难堪，处理起来也会让人感觉不舒服。而且这种被迫延后处理的问题，几乎都会在最紧要关头发生！

身为主事者，你必须仔细观察群众当中是否有人有所保留，或在整个过程中没有全神贯注。如果有这样的情况发生，你必须立即予以指正。你要能公开指出任何隐瞒的意见、感受或想法，要不然事后一定会让团队蒙受其害。请记住，创造典章是要人们积极参与团队运作，它不能只是满足少数人而已。如果你认为有人假装服从典章，这点也要予以指正！强调典章的目的是要保护团队中所有的成员。它并不是一种强制性的机制，而且也不是压抑个人的手段。它是一种防护的措施，让大家在工作的时候都能发挥所长。

几乎每一次当我和团结一致的队伍配合时，团队都会事先给我一些风声，告诉我团队中有哪些人是所谓的"问题儿童"。你知道我在说什么吧？我说的就是那位总是强烈反对大家的意见、制造麻烦、无法融入配合的人。通常我会微笑并让我的客户了解，我将暂时放下个人主观意见，直到我能观察团队实际运作情形，开始建立荣誉典章为止。

在大多数的情况下，就算这位同事反对大家所认同的规定看起来就像是为了反对而反对，但事实上事情并没有表面看起来这么简单。从许多案例中我发现，这个人的动机并不是故意找麻烦，而是从一开始他对目前所讨论的问题就有着沟通上的困难。

要进一步深入探讨。也许这位仁兄并不十分擅长表达自己的要求、标准或价值观，也许他对于过去一些事情所造成的困扰难以忘怀。如果有人不断抗拒，千万不要退缩，要持续和他进行探讨与沟通，直到他能接受或释怀，或是他很清楚地表达想要退出的意愿为止。很多次，我发现那种所谓的"问题儿童"，其实是拥有极高的要求、标准，但却无法沟通清楚的人。为了提升整体的绩效，这个人只会把大家的神经搞得非常紧绷，进而受到众人排挤。

其实我们大多数人都拥有相近的价值观和信念，我们也都想认真工作，替家人做点贡献，享受快乐并且拥有良好的人际关系。这个过程中最令人振奋的地方就是你可以发现自己和团队之间竟然拥有这么多的共通点。长期来说，这对你确实很有帮助。

我也了解，有时候想要把所有人聚在一起好好沟通一番是一件很不容易的事情。我曾跟一位客户一起面对这样的挑战，就是要和三千五百多位员工一起建立他们公司的荣誉典章。当然，我们无法同时将三千五百多位员工聚在一起。但是在这种情况下，你所能做的就是将每个部门的关键人物聚在一起，让他们替自己的部门做出建言。然后再由这些关键人物向各部门的职员做传达，并由他们来反映大家所回馈的意见。

从上而下颁布典章并且期待大家遵守，这是一种不切实际的想法。人们需要当家做主的感觉，而这只有通过众人的参与才能做到。当我们开始辅导各个区域的时候，不断面临同样的议题以及相似的典章条文，这是很正常的。我们允许每个区域部门拥有他们自己的典章，结果那些原本都在挣扎的分支机构开始重新上轨道，其中一个绩效始终垫底的办事处竟然摇身一变成为全公司绩效的第三名。当然，由于荣誉典章，有一些人最终还是选择离开公司，但是认同它并且新加入的成员们，却都能认真地把它当一回事看待！

✔ 互相沟通团队中各种正面和负面行为，分享彼此的感受

由我所辅导的团队中，我常会惊讶地发现：竟然会有人在跟同事相处十几二十年之后，依旧搞不清楚他们对于一些议题的感受。利用这样的机会，可让大家讨论以往有人被伤害、被辱骂、被称赞、被认可的状况，这样也许又要回到每个人都必须要参与这个重点，借着讨论规则的过程，你有可能会揭露许多深层的抗拒心理，因而解决了许多隐藏其中的问题。有时候，即便是一些芝麻绿豆般大的小事，也会在我们的心中留下非常深的伤痕。

我曾与一个地方医院配合，协助整个医院以及各部门建立荣誉典章。当我在辅导外科手术部门的时候，我们光是确定"准时"的意义就耗掉了好几个钟头！多年来，对不同的伙伴而言，"准时"确实有着不同的意思。有人认为，"准时"就是在特定时间出现并打卡。团队其他人则认为，"准时"就是打完卡、洗干净手、换好手术衣并且准备动刀。这两种不同的定义至少相差了十分钟。在这十分钟内，每个人脑海中的小声音又开始不断地指责对方：为什么这家伙每次都迟到？而被指责的人则会对自己说：为什么老是用这种眼光看我？故意想要让我感到内疚吗？

这些闷在心里没有说出来的话，往往会在事后演变成严厉批评、态度不佳或者鸡蛋里挑骨头等态度。只要有人心存愤怒，迟早会衍生报复的行为。但是自从他们把问题点出来，把话摊开来讲之后，大家就开始针对这件事情形成共识，结果自然消除了彼此之间的不和。原来，解决办法就是简单的沟通而已。

这就是你们必须相互讨论所有议题的好坏，并在众人同意制定任何规则之前，事先了解每一个人对这件事情最深层的感受的原因。

✔ 一旦确定某项规则，就要立即写下来

将规则公布在显眼之处，也就是要让团队成员每天都可以看到，比如休息区或办公室内。我家的典章就是贴在冰箱上的。人在压力之下很容易忘记规则，真可谓是"抛到九霄云外去"。我们应该直接把规章放在每个人都可以看到的地方。没错，这种做法或许有点怪，但是效果真的很好。

并且要记住，典章一经颁布，每个人都有义务遵守，因此所有人对它都应该要有清楚的了解和做出正确的解释。

✔ 要清楚明确

规则应该要用声明、规定或协议的方式列举，以便让人在行动时能有所依循。请记得避免任何模棱两可的规定，虽说这可能得耗费一些工夫，甚至需要来回不断地讨论，例如用什么样的措辞才能把规则讲清楚等，但是把它们正确写出来，确实是一件非常重要的事情。

让我很清楚地告诉你：荣誉典章不是使命宣言，也不是在列举价值观。如果只是简单地在墙壁上写"团队合作"、"诚信"等，那完全不是创造荣誉典章的方式。为什么？因为每个人对于"团队合作"或"诚信"的想法都不尽相同。如果典章凭借声明的方式让人可以有所遵从，你就不用冒大家对它产生不同解释的风险

了。或许你的规则可以采用这样的版本：用"团队的目标要比个人来的重要"来取代"团队合作"四个字。这种表达的方式会比较清楚一些。

"要专业"、"互相尊敬"或"要负责"等也是一样的道理。你如何定义"专业"？这完全取决于你的团队、公司使命、客户以及许多其他因素。建议不妨先讨论彼此对于类似上述名词的想法或解释。不知道大家还记不记得外科手术团队的故事？一个人对于"迟到"的定义，可能和另一个人南辕北辙。这时请记住：凡事务必要清楚、更清楚、再清楚。

✔ 不要尝试规范情绪

如果订一条规则：要永远保持好心情，或是绝对不可以生气。这不但不公平，也不符合实际情况，毕竟每个人都会有不愉快的时候，你也会有，对吧？但是同样一件事，你可以换种说法：绝不能把自己的情绪发泄在别人身上。你今天过得不顺利、情绪非常糟，这些通通没有什么关系，但是如果把它发泄在别人身上，则是绝对不被接受的行为。你这样制定的话，才是一条可供大家遵守并且合理的规则。

✔ 规则要订得稍具难度

我这句话的意思是制定典章时，最好能激励团队吸收更为优秀的人才。这样才有办法打造出每个人都能发挥最佳表现的环境，进而产生百战百胜的团队绩效。

就像我前面提过的，团队生活并不保证样样都是轻松愉快的。团队有时难免会乱成一团，有时甚至根本搞不清楚规则是什么。有时为了遵照规则难免要有所牺牲，因而让人觉得这真的很不容易做到。但是由于面对这样的挑战，团队往往就会变得更坚强，同时，团队中的成员也会因此激励而变得更为优秀。

✔ 制定规则不要过头了

制定一些规则来处理问题当然是好事，但如果你的团队需要制定更多的规则时，那就表示这个团队面临着更大的麻烦！

因此在制定规则时，请尽量不超过十二条。如果规则太多，你团队的成员可能会觉得受管制太多，或感觉他们的行为受到过多规范。再者，如果你觉得规则已经订得太多，建议不妨试着找出它们的共通点，看看有没有可能将其中几条压缩成一条简单的规则。如果仔细检查，通常你会发现在事情的表面之下，其实有着同样的问题存在。最近有一位客户就是无法制定少于十八条的规则。天哪！我就跟团队管理层一起坐下来重新检查，然后我看出一个很普遍但是没有人愿意指出来的重点。这个团队所制定的规则，看起来都像是在拐弯抹角地暗示：大家都不愿意在别人面前说实话，生怕日后遭到报复。

原来如此！

因此我们就将整套规则弃置不用，重新制定。利用一条"愿意从头到尾倾听别人的观点和看法而不加以打断"的规则为基础，并且同意以"绝对不从事报复的行为"为前提。如此一来，立即把规

富爸爸 打造必胜创业团队

058

则修短了不少！也就是说，你务必要找到事实的真相才能奏效。

前些日子富爸爸顾问团也创造了一套典章。我们花费了许多时间检视，不断反复讨论：不可以这么做，不要那样做，这样还可以，但是唯有这种条件下……一切简直没完没了。忽然，有人反应说：我们订的规则实在是太多了。结果，我们把所有规则浓缩成一条：不可滥用品牌。它不仅解决了我们所有的顾虑，同时也避免典章过于繁琐以及冗长的制定过程。

总之，不要企图凭借增加规则来使典章趋于完善，精粹明确的规则才能使典章臻于完善。

✔ 若有人违反规定，请记得随时给予指正

其实就是这么简单。怎么做？就是把违反规定的人拉到一旁，然后对他说：你违反典章了。

很多家庭、团队和公司都有自己的规定，但是当有人违反典章时，很少会有人加以指正。或许这就是一个好团队以及一支杰出的团队之间最大的差异所在。

听起来很简单，做起来更简单，但是一开始的时候，事情并没有像我们所说的这么容易做到，因为人们往往不喜欢听到别人说他做错了事情。很多人都无法接受别人的批评，这是因为多年来的人生确实累积了许多情绪上的包袱。当我说"指正"时，我的意思不是说这个人需要被申斥责骂。在我的经验中，利用惩罚、罚款或是当众羞辱，其实效果都欠佳！我所说的绝对不是这个意思，我的意思是你只要简单地指出哪一条规则被他打破了就行。

如果说"指正"是团队力量的命脉，这一点也不为过。团队必须负责落实执行的工作。如果有人违反典章而大家都熟视无睹，那么这些人就会认为没有把典章和团队当成一回事的必要。很快的，你就会培养出最糟糕的团队环境——做事情没有任何标准依据，同时产生许多"大伙都说话不算话"的负面情绪。

团队检查表

◇ 建立荣誉典章的步骤：

1. 要在理性的状况下建立典章。

2. 把经常发生、不断影响团队最佳绩效的行为独立出来，拿来作为建立典章的基础。那些对团队绩效有帮助的行为，也应依照这种做法做一遍。

3. 如果你原本就拥有团队，请务必要让所有的人都能参与。

4. 讨论各种有助于团队或者伤害团队的行为，以及每个人对这些行为的感受。写下会对团队最佳行为和绩效有帮助的规则。

5. 确保这些规则内容明确并且可以落实，完全没有模棱两可的情形出现，同时也不落于一般价值观的声明。

6. 不要试图在典章中规范情绪。

7. 对每个人来说，规则都应该要有一定的挑战性和难度。

8. 不要制定太多的规则，最好不要超过十二条。

9. 如果有人违反规定，一定要立即予以指正！

团队提示：

维护典章并非老板或队长的责任，它必须由整个团队一起共同维护，因为这是大家的团队！

心里要有准备

好了，你现在已经花费数日、数周甚至好几个月来创造一套荣誉典章。你找出了所有的问题，你们彼此之间也做了有效沟通，并将规则浓缩成几个章节写下来张贴在显眼的地方。你认为生活从此就无忧无虑了，对吧？

其实还差一点点。

我一定会提醒我所辅导的团队，在事情好转之前，也有可能会变得更坏。虽说终究会好转是可以确定的，但是一开始的时候常常会有人因此离开。对此，大家要有心理准备。事情虽然很讽刺，但是经过多次沟通，一旦颁布规则并且予以落实，人们就会想："喔，好像是要玩真的啰。也许我会违反规定而被别人指正也说不定。"所以，他们就决定"跳船"了。还有一种情形就是，你的伙伴迫不及待地想要立即考验这些典章。

以我的儿子为例，他每一次都会这样子对待我。当他拿起某样东西，我说：把它放下来！他就是故意不听话。然后我会接着说：我会数到五，你必须在我数到五之前把它放下来！如果你也有小孩，你就知道他会有什么样的反应。他会等到我说出"五"

的时候，才不情愿地把手上的东西放下来。这其实就是他想考验我！但是我必须告诉你，很不幸，我们内心的顽童部分都还存在，甚至根本就永远长不大。当你颁布规则后，在一些特定人物身上就会发生类似的行为——他们以身试法！有时候，这甚至完全是某种下意识的行为。

我曾为某家公司的领导团队建立一套荣誉典章。开了几次会议进行研讨，最后终于完成了整个过程。而在完成之后不到一天的时间，居然就有一位高级主管违反典章规定！我相信在他的内心深处，有这样一种心态：我就是必须要去测试它。我发誓，他当时的行为完全是一种潜意识的反应。这其实是一个很棒的故事，因此在这里我要强调很重要的一点：所有的人，包括你在内，迟早都会违反典章。这是很正常的状况。但是，相信大家都不知道这点："打破规定"还没有"如何处理"来得重要！

在这个例子当中，团队立刻集合在一起，违规的人毫不迟疑地敢作敢当，并且公开向团队道歉，也再次承诺一系列的弥补行动。由于有人主动指出某高级主管违反了规定，团队也立即公开地处理这件事情。因此这次事件对整个组织传达了非常强而有力的信息。其他的团队立即进入状态，开始负起责任。最近，在该公司所举办的商展当中，整个团队的精神和能量简直令人无法想象！他们由此深深知道，他们拥有一支卓越的团队。这种结果真是太棒了。但是请务必了解，心里也要有准备——有些人仍然会选择离开、假装要辞职，或是毫无理由地生闷气。对于大家同意负起责任、敢作敢当这件事，简直让他们寝食难安到极点。这不能算是一件坏事，这么做不仅能督促人们成长、接受挑战，而且能使他们成为更优秀、更敢作敢当以及更勇于负责的人才，这就是一件好事。

初期离职潮结束后，你就会知道，愿意留下来长期奋斗的伙伴到底是哪些人。而这时候，才会开始产生奇迹般的结果。

面对改变

时间会改变一切。人们则会在团体中来来去去。有时候因为经济的改变连带影响了个人原本该负的责任。你对这件事情也必须要有心理准备。

请务必记住，不管他们是否意识到，每个人都应该拥有自己的一套典章。每个人、每个团队或每家公司都应该有自己的典章。如果缺乏大家共同承认的规定，人们就会依照自己的规则行事。每当团队合并或有新成员加入的时候，必须要把规则拿出来，重新进行讨论并且加以检视，尽管新成员没有什么机会表达自己对典章的看法，因为典章早已存在。对此，他们只能清楚地表示自己了解并且会予以认同。

◇ 供参考的规则：

1. 愿意支持团队所决定的目的、规定和目标。

2. 开口说话时要有所贡献，并且动机善良。

3. 把任何人当下所说的话都当成事实。

4. 兑现所有的承诺（负责任）。

5. 只可许下有意愿并打算兑现的承诺。

6. 在第一时间内沟通并处理任何可能无法兑现的承诺。

7. 在第一时间内处理任何破裂的协议。

8. 如果有问题产生，先寻找系统中可以修正之处，再将自己想出来的解决办法跟有能力处理问题的人进行沟通。

9. 不要在他人背后说长道短。

10. 要实际并且有效率。

11. 要有获胜的企图心，同时也愿意让别人出头（要双赢）。

12. 集中火力在有效的事物之上。

我们都是人，难免会违反规则。在后面的章节中，我们也会讨论到如何处理这样的情形。

团队练习

1. 建立自己团队的典章！

2. 心存怀疑的时候，检查自己的感受和直觉。

3. 愿意一起努力，达成共识。

4. 个人要负起完全的责任，不责怪、不找借口或者指责别人。

5. 积极庆祝并赞扬所有的胜利。

6. 永远要竭尽所能来获得胜利！

7. 先行动再检讨，不要让个人问题妨碍自己的工作或任务。

8. 进行沟通时要清晰明确，并确认对方的回应。

9. 要竭尽所能地支援所有队员。

10. 要有共患难的意愿。

11. 不要寻求他人的同情。

12. 要守时！

13. 绝对不抛弃需要帮助的伙伴。

14. 要经常无条件地支持他人。

第五章

你的荣誉典章是什么

伟大绝非偶然，也不会无中生有。伟大从何而来？首先，你对于所从事的工作必须充满热情；其次，你要清楚了解自己是否有能力，并向往成为哪方面的个中豪杰；第三，不管是从身无分文到富甲天下，还是从克服困境到在人生任何领域中获得成功等这类感人故事，其中必定包含了个人的荣誉典章——一套他们绝不妥协的个人行事规则和约定。

你有没有自己的一套荣誉典章？你给自己定的规则有哪些？你曾经要求自己担起哪些责任？你到底是个什么样的人？你要知道，一切如过眼云烟，别人可以拿走你的金钱、财产、朋友，甚至健康，到最后唯一留下的，就是你自己的荣誉罢了。

在这种情形下，请问你的荣誉典章是什么？我发现最有影响力的人，并非经常出现在《新闻周刊》（*Newsweek*）、《财富》杂志（*Fortune*）或者《体育图摘》（*Sports Illustrated*）的封面，有时他们就在隔壁的办公室中。这些人有着坚定的信念、严格的自我要求标准，他们清楚地知道自己生命的方向，并对自己的人生了无遗憾。如果你还没有属于自己的一套荣誉典章，我建议你还是坐下来检视一下自己的财务、健康、人际关系及价值观，从而建立自己的典章。你愿意对自己及家人许下什么承诺？你心中真正捍卫的又是什么？

大多数人的问题是故事讲得好听，或者只会对他人阐述自己的信仰，但实际上却从未坚持到底。这就像是身为父母的人训诫小孩不可以说谎，但是自己却总是在逃税漏税或对配偶不忠一样。孩子们会留意这点，并且有样学样，进而把典章中的"诚实以对"

的意义扭曲成"只要不被人抓到就没事"。如今，职场中到处充斥着这种不良示范。

伟大的运动员之所以能达到现在的地位，除了自己的天赋、才能之外，也与他们替自己制定了极高的体能标准有关。他们投入大量时间在练习、研究、接受指导、检讨自己的比赛以及照料自己的身体。但更重要的是，他们给自己设立了一套规则，并且永远不会放弃。

团队提示：

你愿意担当起哪些责任？

多数人或许都没有自己的一套荣誉典章，原因就是他们不希望对这个规章负责任。他们宁可多睡一会儿，也不愿意一大早爬起来做运动，就算他们内心知道自己应该这么做，而这就涉及所谓的自律。

多年前，在我任职于俄亥俄州立大学美式橄榄球队之时，我在一位作风备受争议的教练伍迪·海斯（Woody Hayes）手下担任总经理之职。他的特立行为受到报章杂志片面的恶意中伤，最后赔上事业与声誉。虽然如此，他一生毕竟协助了成千上万的年轻人建立了无比坚毅的人格，而这点是不能抹去的。每当他从高中招募新进的球员时，他会先对每位球员做家庭访问，以了解球员的家庭状况。大多数人并不知道他这么做其实是在寻找两个要素。第一个要素是，该球员的家庭是否拥有纪律？换言之，该球员的家中是否有规则，也就是荣誉典章。如在日后某场比赛接近尾声，还需要攻下许多码才能获得胜利的时候，这位年轻人心中是否有足够的纪律来集中心志、沉着冷静，和队友们一起坚守比赛，以赢得最后胜利？第二个要素是，该球员是否真正被其他家庭成员所爱戴。一位美式橄榄球教练用此标准来衡量球员，看起来确实有点奇怪，但这却是一种非常明智的做法。为什么？因为这样才能让一个人拥有自信，才能有被家人、团队需要或重视的感觉。这不但可让人建立起内在的自信，而且也可以让人愿意接受他人的支持与帮助，而这就是续任教练文生·兰巴迪（Vince Lombardi）所说的团队精神所能形成的力量。一旦比赛进入白热化，可以借此让队员彼此之间保持相互尊重与信任，进而创造胜利的果实。

你的家庭又是什么样子呢？

我为什么要讲这些？首先，了解这一切的确有助于你建立并支持自己的团队与家庭。但是更重要的是，如果你想要充分发挥自己的潜力，你必须先在各方面爱惜自己，才不会对自己感到失望。如果你没有这样的自律能力，那就代表在某种程度上你根本就不爱你自己！如果你跟自己许下一些承诺，可是事后又完全不去遵守，难道你不觉得这是一件非常没有意义的事情？在此我所说的承诺，包括你的健康、财富以及人际关系，等等。我确定以前有过这样的事件发生在你身上，也就是当朋友或同事找你商量他们所面临的个人或与工作相关的挑战时，身为他们的好友，你当时必定会给予他们适当的建议。你或许会说"换成是我，我绝不会忍受这种事情"、"你应该这样做"或者"你应该坚持自己的立场"等。但是当你自己也遇到这类事情的时候，你会怎么做？你给自己所设定的道德标准与价值观又是什么？你是否愿意坚守自己的立场与标准，丝毫不肯妥协？你是否能够摸着自己的良心，坦然地说自己在身体力行？

你必须在人生的重要领域中拥有自律或加以规范，必须在违反规则和标准的时候纠正自己。同时，和那些会用同样标准来要求你的朋友、家人以及同事为伍。如果你真有勇气如此做，你不但可以发挥自己真正的才能，完成天职，而且你身边也会充满许多非常非常爱你的人，他们绝不会口是心非。所以我请问你，你的典章是什么？它是不是一套充满荣誉的典章？因为当你咽下最后一口气的时候，你唯一拥有的，也是唯一会被别人记得的就是你一生的行为、事迹以及你对他人所造成的影响。你内心存在着许多伟大的典章。你应该把这些典章理清，并且保证绝对不妥协。不要尝试着讨好所有的人，当你清楚地了解自己是什么样的人以及自己所坚持的事情时，如果你身体力行自己的荣誉典章，你将会吸引一群又一群和你相类似的人靠近你。如果你能这么做，你将在生命中的各个领域中创造财富。我希望你在看完这本书之后，就算什么都没有学到，至少能坐下来替自己建立一套荣誉典章。

在下列各领域中，你替自己究竟设立了哪些典章：

◆ 最主要的人际关系

◆ 财务自由

◆ 事业与团队

◆ 家庭

◆ 健康

◆ 个人成长

这些领域有着一个共通点，就是你自己。当你对自己的荣誉典章做出承诺，并且做出那些必需的改变时，你的生活将会变得更为美好。而且我也敢打赌，会挑这本书来看的人，也必定是那种致力于个人成长以及渴望获得成功的人，当然也肯定是一位备受他人敬重的人。

就算这并非你的本意，别人还是会以你为榜样，把你当成表率。事实上，每个人本身就是自己的荣誉典章。

个人练习：

找个自己最喜欢的场所，安静地坐下来，建立属于自己的典章。认真想想：哪些事情对你来说非常重要？你想要一劳永逸、彻底解决哪些过去自己所导致的问题或行为，重新掌握自己的人生？

举例来说，在我自己的典章中，我会和挚友分享其中的一项规则，也就是"我周遭的朋友要能督促我，甚至比我的自我要求还要更加严格"。如果你希望获得成功，你应该和不断要求你奋发向上的人们为伍，务必和不断追求更高境界的人们为伍，特别是要和那些当你都开始怀疑自己是否有足够潜力的时候，却还一直对你满怀信心的人们为伍。

另一条我会恪守的规则是"绝不妥协"。我会坚持面对问题，直到我认为该问题已经完全被解决为止，我不会因为只想息事宁人而选择罢手。每当我感到沮丧，或是生活中的某个环节出现问题时，我在典章中也会写道：坚持面对问题，直到从中学到了教训为止。我的导师富勒博士（Buckminster Fuller）曾说：苦恼是发觉真相的良机。如果你对某件事情感到心烦意乱，这就表示其中还有你尚未学会的东西存在。你绝对不要去责怪他人，或是扮演受害者的角色，而是要问自己可以从中学到什么。

有时候这需要经过一段时间才能做得到，尤其是当你需要面对真正的自己，面对无情的真相时，这的确会令人感到很痛苦。我曾经经历了一段非常痛苦的离婚。我当时花费了许多时间来责怪我的前妻、她的家人以及我当时的工作情况等，但这么做对我根本没有任何帮助。当我回顾这一切，并且严格审视自己的时候，我了解到自己内心深处其实是极度需要获得别人的认同的。所以，我为了讨好别人而违背了自己的许多价值观。当我想通以上的道理，我觉得我将来必定会重蹈覆辙，因为所有问题的答案都在我自己身上。因此我花了相当长的一段时间，有些人称之为"过渡时期"，来做自我内审，试图找出如何避免发生相同问题或情况的方法。

最后再举我个人规则当中的另一个例子来与大家分享，就是我永远会问自己下一个阶段是什么？因为我必须不断地学习。我的荣誉典章规定，一旦我开始安于现状，便是要投入下一个新挑战的时候了。或许有人会说我是个疯子，但是我确信我自己必须持续不断地学习。所以，每当事情开始变得容易处理或摆平，或是我发现自己开始感到厌烦并且不再认真努力时，我马上会知道是该前进到下一个阶段，跳脱自己的舒适区并前往新境界的时候了。这就是我确保自己持续面对挑战，并且充分发挥自我潜能的方式。

我的家庭也有着一条规则，我习惯称之为"不可遁逃条款"。它的意思是，无论家中出现什么样棘手的问题，所有成员都不可置若罔闻，也就是没有所谓"置身事外"这回事。我们承诺全家要彼此相互关怀，面对并处理任何问题，直到问题被完全解决为止。还有一条规则是：绝对不可以吵到一半就跑去睡觉。有时候这代表了我们会为了沟通尚未解决的问题而延后上床睡觉的时间。我们熬夜逼自己解决问题的那些片段对我们的关系而言都是极为特殊且感受强烈的时刻。虽然有时很不容易甚至很耗费精神才能恪守我们家庭的典章，但是就因为有了它，才使得我们的婚姻越发坚固、健全。

此外，我们如何对待小孩，也有着特别的约定与规则。而我们的小孩，也有着属于他们自己的典章。这能给予家人彼此之间确定性与安全感。大家可以预期彼此互动的方式，从而更加互相信任。它不是在限制我们，而是让我们更加亲近，让我们创造出更多的亲密关系与爱。由于事先有规范，当我们需要休息的时候，家里的小孩都不会像冲锋陷阵的士兵一样围绕在你周围跑来跑去、拼命吵闹。这正是我们与一般家庭截然不同的一种体验。

团队提示：

就因为我们拥有这些规则，我们大家都成熟得足以克服这些小事，所以很少会发生负面的事情。由于事先提供给小孩清楚的界限，所以他们能够尽情地在这个范围中发挥创意与张扬活力。

请你记得，典章不只可以强化你自己的团队，同时它也在向全世界传达你到底是什么样的人物。

以上是我自己典章中的一些范例，可以激发你构思自己的典章的灵感。现在是你下定决心的时候了，你应该要决定哪些事情对你自己和周遭人们而言是最重要的，因为你个人的典章就是你自身的见证。你打算传递什么样的信息？你会从心底恪守什么样的规范，并且坚持到底？因为在你离开这个世界多年之后，人们能记得的是你当年的坚持、你所代表的理想，而不是你当时赚了多少钱。

第六章

如何贯彻荣誉典章

事实上，许多团队都有着自己的规则，有些甚至还声称自己拥有典章。但是否真的具有规则，还要看该团队能否遵守并且严肃看待它。

恩隆（Enron）公司有规则，全球光网（Global Crossing）公司也有规定，类似安侯建业（Arthur Anderson）等大型会计事务所也有着严格的会计准则（注：这些公司都曾爆发丑闻）。此处的议题强调的并非规则本身，而是当有人违反规则时会发生什么样的事情？如何落实、执行并强化规则才是我们所面临的挑战。而其中最主要的问题是，当有成员违反典章或打破规则时，该怎么办？是否必须加以责备？或是打他一顿，再给他一个自新机会？抑或罚款了事？

事实上，多数情况是什么都不会发生。人们假装没看到，因为他们不愿意被视为制造麻烦的人或是因此遭受团体排挤的人。再者，这些人更不希望为了指正某件事情抵触他人而在日后遭受报复。例如身为父母，为了贯彻家中的规定，有时会制造更多的麻烦，而解决这些麻烦甚至比惩戒小孩还要困难，因此在这种状况下，父母亲往往决定放孩子一马。

总之，我们到底该怎么做？

指正

你一定会感到非常惊讶，因为答案其实很简单，那就是如果有人违反规则，你必须予以指正！看到这里你一定会问：就这样？是的！一般来说，这样处理即可。请记住，一个人对于被公开羞辱，或被同事、团队排斥的恐惧远远超越对死亡的恐惧（一篇由乔治华盛顿大学发表的研究报告中指出，人们对于死亡的恐惧，历年来只排第三名）。在多数情况下，个人直接指出或整个团队指出某人违反规则，这就算是最为正面（直接）的一种抵触了。如果有人确信为了某件事情自己一定会被别人指正，那么他一定会想尽办法来避免这样的尴尬和被团队唾弃。

但说实话，这其实也是一把双面刃。也就是说，被指正的恐惧和不敢指正别人的恐惧其实是相同的。要知道，一旦建立典章，团队的精神、勇气就会面临挑战，而其中最困难的地方就在于指正。

团队提示：

规则本身不是问题，及早发现并持续指正被违反的规定才是挑战。

如果缺乏勇气或技巧来沟通真相，那么在公司、婚姻或团队的许多关系中肯定就会产生问题。

相信每个人都不希望自己去伤害他人的感受，同样也不希望面对惩罚。但是，除非大家愿意进行指正，否则典章完全无法产生作用。事实上，每一次遵守典章进行指正时，就会让它更具威力，结果就是整个团队随之变强，进而产生更好的表现。反之，若有人违反规则却又无人指正，整个团队士气就会越来越低落。这种状况也就是在暗示大家——你说话不算话。换句话说，也就是你完全没有荣誉感。

请想一想，这对小孩会造成什么样的影响。如果你无法落实并执行对小孩的规定，那他们就会反过来挑战你。你可能会喊：不要捉弄弟弟！但是假使你从未对小孩强加执行这个规定，你将给小孩子传递以下的信息：（一）捉弄自己的弟弟是被允许的！（二）规则都是虚设的（这样的思想与行为正是罪犯们的温床）！（三）可以随时违反规则。对任何组织团体而言，也是一样的道理。

没错，就因为我们是人，所以规则难免会被打破。也就是说，我们都会犯错。在某种压力之下，我们都会回到原始的生存模式，依照本能的反应行事。这就是我们需要团队和典章的原因！即使面对逆境、混淆与疑虑，我仍然支持你发挥潜力。典章若能一再地被强化，那么遵照典章行事就会变成一种直觉的反应。

追根究底，你必须坚持不懈地进行指正。

如上所述，指正并非是专属于主管或老板的工作。如果想要打造卓越的团队，那么指正则是每个成员的工作。而且，如果每个成员都清楚知道其他成员随时都在监督自己，指正便会持续产生。如果你参加过任何一项竞赛性的运动，你就会知道如果没有尽力，不用等到教练来告诉你，你的队友们就会频频前来"关心"你了！如果还要依赖高层主管、老板或经理来指正，那么你所拥有的并不是一个真正的冠军团队。或许你的身边的确围着一群人在工作，但是这肯定离所谓的"百战百胜的团队"仍然有着一大段距离！

在规模较小的团队中，很少需要动用到罚款、惩罚或罚则。

只要有人较严重或一再违反规定，整个团队就很明显会产生相当不良的后果。也就是说在一开始，只要出现些微征兆，你就需要清楚、直截了当地及时指正。无论规模大小，问题拖得越久，事情往往就会弄得越难堪，到时需要更大的胆识方可解决并进行指正。面对面地指正某人，其实是需要勇气、担当与胆识的，而这是一支卓越团队必备的构成因素之一。也就是因为这些行为，才会在团队及家庭中形成人格上的特质。团队或组织的规模越大，越需要清楚的规则与处置方式来支撑。在很多情况下，你无法随时与所有成员保持良好沟通，因此才会需要强而有力的管控机制来帮忙。

在此让我举一个例子做说明。

我经常旅居海外。其中有一个特别的国家，它是全球最干净、犯罪率最低的国家，拥有极高的生活水准，以及全球数一数二的国民所得。但是该国却制定了许多的规定，比如几乎所有的事情都设有罚款，从不小心在人行道上丢垃圾到嚼口香糖都有规定，这样的规定真可以说是数也数不清。该国在某件事情上的确展现出他们对于指正有着清楚的了解，也就是当地报纸会刊登违反公共规定者的相片，并且描述其所违反的事情是什么。这是多么丢脸的一件事啊！但是这个方法的确很有效！（顺便提一提，我并非是在提倡公开羞辱）

只是，为何要如此严格呢？

因为该国是个坐落于小岛上的城市国家，三百多万人口挤在一个非常狭小的区域内。该国期望成为经济强国，能协助亚洲其他国家的经济，并且成为贸易、企业与财务的标杆。因此，建国元老们认为，唯有纪律才能让他们在建国初期波涛汹涌的局势中成功面临挑战，并且不断发展与强盛。

再举个例子。我有一个客户就是上述这个国家的，也是该国最主要的航空公司。该企业所奉行的典章与国家的典章同样严格。这就是该公司拥有最佳飞行安全纪录，并且年年被选为最佳航空公司，以及几乎包办所有竞赛项目的原因。该公司从设备、服务到员工的行为等，绝对不接受任何逊于完美的评价。当发生违反规定的事情时，该公司会迅速、直接并低调地处理。

该航空公司的精神真是令人感到惊异。在那里上班的员工拥有难以置信的成就感，并且认真辛勤地工作。为何会如此？因为除了指正之外，他们也会不断地指出另一种表现。如果有人发现并指出某人做了支持典章或者发扬典章的优良事迹，公司就会将这些员工的照片与事迹，采用张贴、刊载的方式广为流传于组织内部。举例来说，有位员工对一位错过班机、焦虑不已的旅客伸出援手，利用下班的时间，亲自开车接送这位旅客往返市区。另一位员工则为了提供财务上的支援而拼命超时工作，目的就是为了能让一个因为悲剧而被迫拆散的家庭重新团圆。还有一位常驻海外中继站担任地勤的员工，其所作所为更是远远超出了他的义务：他为了帮助照顾一个打算离开该国的悲惨家庭，甚至把自己的住所提供给这个家庭作为临时庇护所。

这些故事与照片流传到该公司位于世界各地的每位员工手上。该公司甚至设立一系列极度尊荣的荣誉奖项，专门颁发给将典章精神发挥到极致的这些模范员工们。

我之所以研究这些个案，是因为他们就是最佳的范例，证明当典章越严密时，只要愿意指正或指出（不一定每次都是负面的），就会产生更卓越的表现。但是无论如何，执行时依旧要很小心。例如团队或组织制定了过多或过于严厉的规则时，就会有很明显的危机存在。庸俗的领导手段以及错误引用或执行规则，将会对团队产生伤害，同时也会在人们心中植入恐惧。如此一来，就会完全扼杀创新的思考能力、拥有自主权的自豪以及解决问题的能力。这也就是团队中的每位成员都必须要勇敢地指正，不害怕他人报复的根本原因。对于上面这段内容，我将会在本书第七章中再做说明。

在此有数个需要进行指正的理由。首先，它显然可以排除妨碍表现的负面行为。其次，借着引发言而有信的精神，就能塑造出人格、荣誉感和自信，所以它也是凝聚团队的重要因素之一。

说到指正的必要性，其实还有另一个理由。在制定规则的情况下，一旦有人违反规定而其他成员并未做出任何表示时，将会发生什么样的事情？在一本名为《管理公平因子》（*Managing the Equity Factor*）的冷门书籍中，他们采用"集点"这种说法来代表所谓"未经指正的违规状况会产生的结果"。每当人们压抑自己不满的心情，丑陋的"集点"行为就会逐渐抬头，它就像癌症一样会从内部摧毁团队。而可惜的是，在没有人愿意指正的情形下，这种情况几乎注定会发生。

在此，容我详加解释。如此一来我将会泄漏自己的年纪，但你们是否记得，数年前到超商购买东西，只要消费一定金额，店家就会提供一些绿色的集点券？你不断地收集这些集点券，并且把它们收藏在一本小册子中。当册子贴满集点券时，你就会将它兑换成奖品。团队中也会发生同样的事情，假设你跟我都待在同一个团队，而团队中有一条规则是：要准时。我知道你从未苦等过任何人，也确信你每次都必定会准时出席，对吧？哼，才怪！假设我们约好每周一上午八点召开销售会议，结果第一次开会的时候，我迟到了五分钟。结果会发生什么事？一般说来，应该是什么事也不会发生，对吧？当我蹑手蹑脚地走进会议室，与会的同事稍微瞄我一眼，会议继续进行，而且没有任何人说什么，稍后还会有人来跟我打招呼……这件事情到此就结束了，对吧？其实这整件事最主要的问题在于，就在那个时候，每个人在潜意识里都收集了一张集点券。

当你脑海中的小声音对自己说"我以为大家都同意要守时，我也准时赶到。结果布莱尔居然迟到五分钟，而且大家竟然都没说什么！这是怎么一回事"的时候，你已经收集了一张小小的集点券。这种情况大家肯定不会陌生吧？因为我也是这么认为的。此时的你，早已收集了一张集点券。接下来让我们快速转到下一个礼拜，当我或其他人再一次迟到五分钟，同样还是没人说一句话。所有人在自己脑海中的小册子内又收集了一张集点券。紧接着下下周又有人迟到，一样没有人说话。嘿嘿，集点券再加一张！

我敢断言这绝对不只是周一销售会议的问题，无法守时的人，通常在许多方面也面临相同的困难。假设这种情形持续了一段时间，结果有一天你遇到了一个要命的周一早晨——你睡过头，小孩上学迟到，路上交通一塌糊涂，你的另一半说了一些让你快气疯了的话等，这次你上班真的来不及了。这时你拼命要准时到达会场，但是这次也许真的很险，真的非常惊险。突然，你脑海中跳出一个想法：你也知道，布莱尔已经迟到了很多次，法兰克也迟到过，玛丽也迟到过，并且还没有任何人说过一句重话！而我为了准时出席，哪一次不是费尽力气?！你知道我受够了吗？老子想什么时候到，就什么时候到。就在此时，你兑现了整本册子中的集点券，这就是 F-18 在半空中开始解体的时候。团队成员内心气爆了的同时，开始将情绪转变成埋怨、不信任、自扫门前雪的态度。集点券造成了有所保留的行动，进而创造了团队成员懒散的行为，最后形成了不良的结果与恶劣、负面的能量。团队不需要等外来的竞争者击溃他们，因为他们自己就会动手进行。

如果你有一套典章，你要有意愿暂时面对不舒服的情况，以便日后收获冠军团队才能带来的收获。我同意这不是件容易的事情，也确信学校绝对没有教你怎么做！学校教你的是要保持安静、不要妄动、听话、照做，等等。因此在这里我提供给你一些方针和提示，以便让指正这件事情变得更加容易一些，也让它能因此成为团队例行的作风。毕竟如果遵循这些诀窍，事情将会变得越来越容易，恐惧与负面情绪也容易消失。

✔ 寻找适当时机来指正

若在客户或其他同事面前进行指正，则时机可能不太对，因为羞辱他人对你一点帮助也没有。这时对方的情绪会高涨，甚至完全听不进你所说的任何一句话。这时候，对方满脑子都在想着要如何跟你算账。别忘了，人们对于被公开羞辱的恐惧远远高于对死亡的恐惧！如果你想得到他人善意的回应，刺激这种情绪应该不是个好主意。

指正并不是斗争。攻击他人将迫使对方专心想着如何防卫自己，如何反击，何时才可报一箭之仇。因此只要情况允许，并能对事情有所帮助，建议过一段时间，等大家都冷静下来以后再指正。这样一来，你就不会给人太大的压迫感。此外，用字遣词和讲话的声调，绝对不能给人有任何威吓的感觉。

假如你已经气得七窍生烟、脸红脖子粗，我保证被你指正的人，绝对听不到你在说些什么。一个觉得正在被你攻击的人，肯定不会跟你讲道理。也就是说，任何事情都不可能因此得到解决。

✔ 如果你心里不舒服，要先让对方了解这种感受

举个例子，你可以说：你知道吗？要跟你讲这些话其实让我怪别扭的。从今天早上开始，我就一直因为某件事情而感到心烦意乱，而且很难开口跟你说。但是，我仍然鼓起了勇气，因为我认为这么做会对大家有所帮助。你这段话不是在安抚人，在谈话一开始你就表达出自己的恐惧、情绪和顾虑，这不但能稍稍缓解自己情绪上的压力，而且也能让对方的态度软化一些，这样他才会有意愿倾听你说话。

✔ 在进行指正之前，要先获得对方的允许

直接问对方：现在方不方便跟你讲这些？如果对方的回答：不行，我现在很忙。那么请记得要问对方什么时候比较方便。在对方给你明确的时间来解决问题之前，请先得到对方允许。

✔ 指正的是行为，而不是个人

我再重申一次：指正的是行为，而不是个人。现在请你想想自己生命中那些最重要的人，以及那些你真正关心的人。如果你真的打算这么做，那么你对这些人说些什么话就能彻底击垮他们，让他们完全崩溃？你当然能想出一些话，但是你绝对不会如此做。而这就是我想要表达的重点。你要将个人的因素剔除，是针对行为来加以处理，而不是那个人。你可以把行为本身当成对象，而不是把个人当成对象来做到这点。举例来说，要大家遵守时间的这个构想似乎已经产生了问题，我知道大家都同意要准时，但是很明显，你有你的困难，那我们到底有没有办法可以改正呢？

团队提示：

让法则来规范行为。让典章成为公正客观的第三方，而不是你自己。

荣誉典章之所以如此神奇的原因之一就是，你让典章来规范行为，并让典章自己执行落实。典章成为公正的第三者，就像是警察。你大可指着典章对对方说：不是我在攻击你，因为典章里头是这么说的，而且你和我都同意这一点。这时候对方也没什么好争辩的，而你也从未涉及人身攻击。假使你跟对方说：你的人生之所以如此可悲，正是因为你始终坚持要这么做。那么，你也清楚这种做法完全不会有什么效果。

✔️ 清楚说出哪里进行得不顺利，并且要求提供帮助

要极力避免从头细说，因为犯不着凡事都要从鸡毛蒜皮的小地方开始讲起，只要将所发生的事陈述清楚即可。

举例来说：我们讲好所有的会议都要准时出席，而你却迟到了二十五分钟，所有人都被你耽误了。你究竟需要什么样的帮助？是否需要事先提醒你开会时间？如果需要的话请让我知道，我在下次开会前会事先提醒你，这样我们便能准时开会。像这样强调迅速、单纯、简单，把问题解决即可。

在沟通时尽早提供协助。当我经营航空货运时，公司有个年轻人，他是一位极为优秀的客服人员，但是就是没有办法准时上班。其他同事经常等他，还得帮他处理工作。我们不断地跟他强调要准时上班，他也没有任何不敬的意思，但是无论如何就是无法自律。直到最后，我们终于跟他明说：虽然我们很喜欢你，但是只要你再迟到一次，就请另谋高就，不用再来上班了。当我们在团队会议中讨论这个议题时，有两位仓管人员高声说：别担心，让我们来处理。

隔天早上，这两个体型壮硕的萨摩亚人出现在他家门口，不断地敲门把他叫醒！他们毫不客气地闯进去，当其中一位在帮他穿衣服的时候，另一位则开始泡咖啡。他们竭尽所能地帮助这位小伙子准时上班。结果奏效了！我说的"彻底的支持"就是要像这个样子！想不到这位小伙子的行为也因此发生改变！他开始比较严肃地对待事情及负责任，穿着也更为专业，而且不用怀疑，他从此以后天天都准时上班了（光是想到再次体验这样的晨叫方

式，我自己是绝对不敢再睡懒觉了）。由于团队的协助，他可以发挥出自己最优秀的一面，并且准时工作。总之，就是通过团队的帮助，他开始展现自己最佳的一面。

团队提示：

谈话中使用大量的"我们"，因为你是为了团队整体利益而发言，而不是针对某人。

✔ 改进后能对整个团队以及被指正的人带来什么益处，要沟通清楚

"准时"会对这个人带来什么样的益处？如果团队成员都能遵照荣誉典章行事，整个团队会有什么好处？好处其实就是激励团队时刻追求更高的境界。老是在那里争论谁做了什么，为什么这么做，以及什么时候做的这类事情还真的会把人逼疯。可喜的是大部分的人都希望自己能表现出最佳的一面，只是他们偶尔需要有人提醒一下罢了。

✔ 提醒对方这是他早已经同意过的事

记不记得你们在理性的状态下制定了这些规定，这些规定也都获得你们的认同。或许当时在压力之下他忽然忘了，所以千万别忘了要提醒他。

✔ 容许对方回应，并且倾听对方说话而不要打岔或反驳。此外，记得说声"谢谢"来感激对方聆听自己说话

✔ 肯定、认可你所期望的行为

在往后的日子里，当人们确实改正了行为，请记得要予以肯定并感谢他们。你无法想象这么做会产生多大的效果！绝大多数人可以说一辈子都没有得到过别人的肯定。如果你想成为一位优秀的队友、一位杰出的领袖或最棒的家人，有时候你必须让脑海中的小声音闭嘴，然后大声地说："你做得好！"跟他击个掌或拍拍他的背，对他做出改变表示鼓励和肯定。当然，这个举动不需要很夸张，也不需要搞得众所皆知。

◇ 有人违反典章时，如何进行指正：

1. 挑适当的时机进行指正，但不要间隔太久。

2. 先让对方了解你内心的感受！

3. 指正前要先获得对方的允许。

4. 要纠正的是行为而不是个人，要让典章来扮演公正的第三者。

5. 精确点出违反的情况，并且主动提供协助来解决问题。

6. 清楚说明改正后能对团队及违规的个人带来什么样的利益。

7. 感谢对方聆听，而且当你在聆听对方的回应时，不要中途打岔。

8. 当你看到对方确实有改正时，记得肯定或称赞他。

当你被人指正，应如何处理

接受批评会让人感到很不舒服，但每个人都会犯错或违反规则。我们都是平凡人，所以当有人纠正你违反规则时，你该如此应对：

✔ 先深呼吸

你是否曾有过类似的困窘经验？当某人走到你身旁，他尚未开口，你却已经知道他将告诉你，你是如何搞砸某件事的。

我相信没有人会喜欢这样。但是身为卓越团队的成员，你必须要有聆听这些话的意愿。所以当你碰到这种窘境时，第一招就是要记得深呼吸。此举看似老套，但是在碰到这种情况时，人的情绪往往会高涨，呼吸会变浅，甚至还会脸色发白。深呼吸不仅可使身体放松，而且能让脑部充满氧气。这不仅可以让你的思路清晰，而且对聆听也会有帮助。

✔ 要肯定对方所说的内容，因为对他来说，这都是真话

对方可能完全搞不清楚状况，但是至少你要体谅对方，因为对他来说，这些话的内容不但重要，而且是他真实的感受，他是鼓起很大的勇气才对你开口的。对你说这些的时候，他的内心甚至会充满了恐惧。

✔ 积极聆听

不要心不在焉或者满脑子开始想要怎么辩护，也不要想办法证明自己行为的正当性。你只要单纯地从头到尾聆听就行。我认为如果你能把对方的话全部听完，你会发觉自己有可能认同对方向你表达的某个观点。但是，如果你试图打断对方，提早准备自己辩护的内容，你绝对不可能把对方所讲的话完全听进去。

✔ 如果你真的犯错了，就请爽快地承认

从你承认犯错的那一刻起，指正就算结束了！问题解决了，大家继续前进。唯有在人们试着用一大堆理由来证明自己行为的正当性的情况下，大家才会耗上一整天不断地讨论这件事情。

最具有威力，同时也是最难启齿的三个字就是：对不起。这句话很难说出口，事实上是很多人根本就说不出来。有些人宁可一辈子坚信自己是对的，也不愿意承认自己的错误，更不用说从容、优雅地道歉了。也许你亲人当中就有类似的人。但是，如果你愿意开口道歉，那么你对团队的贡献远比你认为的还要多。

如果你真的无法开口道歉，告诉你一招：假装自己是第三者。换言之，当有人为了某件事指正你的时候，就暂时放下自己，假装是一个正在看着自己的第三者。这招对我很有效。我会置身事外，放下自己，然后说："没错，布莱尔，你这个人渣，你又迟到了！你为什么有这个毛病？我们要如何帮你改正？"也就是不要从自己的观点来看待这件事。

✔ **请教对方如何改正以及如何向团队赔罪**

这点非常重要。要立即展现你对团队的关心。

✔ **如果对方指正不实（有可能会发生这种事情），只需引用荣誉典章即可**

找出特定相关的规则或项目，说明双方对这条规定的认知，这样就能和对方达成共识。

✔ **要真正关切被指正这回事，并且充满好奇心**

如果你真的诚心要维护这个团队、这场婚姻或者这些家人，当有人对你进行指正，或者你在指正别人的时候，你应该不断地问问题，以确保所有关系者都彻底了解这次指正的前因后果。

你可以问：我的行为在其他人眼中看起来如何？或者问：为什么你会产生这种想法？提出诸如此类的问题并不是因为骄傲自大，而是试图了解对方罢了。

如果你能做到以上这些事，或是做到一部分，你将会发现自己的团队愈来愈团结，而且越来越推崇这一套价值观。

高绩效团队的坏处

如果事先不告诉你荣誉典章的负面影响，这就是我的疏忽。要知道凡事都有两面。一方面，决定不做出指正时，会有集点的行为产生。另一方面，当你做出指正时，也许会有人指控你在指正别人时过于"不留后路"或者"做得太过分了"。但是，如果你希望团队有更高、更好的表现，指正越直接越好。

以前，有人会挂冠求去，那正是因为他们不习惯对他人负责，甚至无法对自己负责。这种人一般会自动离开，被团队淘汰出局。这些人甚至会有意识或无意识地挑战典章的界限，看看是不是在玩真的。这时候你要有耐心并好好地处理这种状况。

凭借典章来吸引最优秀的队员

在所有我曾经创办的公司中，我们都拿典章来面试所有的应征者。假设他们都符合各项基本要求，我们团队中就会有人把典章介绍给他们，并一一举例来加以说明每一条规定的意义。这么一来，这些准新人就能迅速了解在这家公司上班时是什么样的情形，以及行为上会有什么样的要求。许多求职者认为我们有点奇怪，但你知道吗，后来那些被录取并加入我们团队的人都全心全意地投入及奉献。

这个筛选的方式排除了最大数量的应征者。人们希望能做正确的事，希望能拥有一套核心价值并依其行事。但是，一旦他们开始真正了解自己所必须许下的承诺，自己所必须做出的牺牲，以及必须有意愿担当这一切的时候，他们就会改口说：谢了，这不是我想要的，我宁可开 1963 年的雪佛兰，也不要飞 F-18 战斗机，这样的要求对我来说太高了。

团队提示：
典章是一个绝佳的面试工具以及筛选标准。

你不但要坚持拥护典章，而且还要身体力行，这就意味着要勇于指正。不要再有集点的行为了。有时候人们难免会做出集点的行为。你对这种行为也要加以指正，因为排除一切的乌烟瘴气，直接、正面处理人的问题会让你更为坚强。这不但可以让你建立自信心，还会让你感觉自己无所不能。你征服了自己内心最大的恐惧，这是一种相当棒的感受。

指正自己

最后，如果你正打算凝聚团队，一旦制定了典章来作为指导原则，每个人都必须以身作则。

这是什么意思？这代表如果当你不小心违背典章或者行为逾矩时（这一定会发生，因为我们都是人），你必须愿意当着团队队员的面指正自己。指正他人是一回事，但是身为领导者所能做出最有影响力的行为就是指正自己。

如果你公开地在团队、配偶、小孩、同辈或员工面前指正自己，你说："没错，这是我们大家所同意的，而我搞砸了，我道歉，而且我打算用这种方法来加以改正。"对方就会认真把你当一回事。如果你的气度够大，同时坚持遵循这些价值观，而且也能做出这样的举动，人们就会以你为榜样。更重要的是，他们能从你身上学到如何指正自己。此时，你对他人生命所造成的影响比你所能想象的还要深远。大家都会拥有更杰出的表现。这样，你就成了一位伟大的领导者。

团队练习

1. 讨论你们期望达到什么样的绩效与有什么样的表现。是不是每个人都认同？务必再三确定。

2. 举出一些在团队中收集集点券的实例，讨论这些实例对团队造成了什么样的影响。

3. 在特地安排的环境下或者团队会议中，用角色扮演的方式进行指正并轮流练习。要真正按照步骤进行。

4. 在团队会议中指出某人优良的表现或是成就。

5. 如果你目前正因为有人违反典章而感到困扰，请立刻和这个人约定时间进行沟通。

6. 请和团队一起来决定是否能在其他成员面前进行指正。

第七章

教导他人迈向成功的领导方式

评断一位领袖的标准有很多，诸如其影响力、感染力、成就与声誉，等等。以往的胜负纪录绝非意外产生的。伟大的成就并不是因为施展了魔法，优秀的领导者正是因为具有特定的某些技巧，才能孕育伟大的家庭、企业与团队。我也确信任何人在自己生活的某些领域中在扮演领导者的角色。或许你永远不会创办拥有数十亿美元资本额的企业，但是你还是有可能建立一个温馨、美满的家庭，并且以此感动并影响周遭所有的生命。

以下就是一些需要具备的技巧。

领导技巧 1：引导他人发挥所长

伍迪·海斯（Woody Hayes）自身最大的优点，也正是害他下台的主因。身为领导者，他能迅速且准确地评价运动员的优缺点。他非常擅长把球员安排在正确的位置上，而这也是他为何能组成伟大球队的原因。

他与打造加州大学洛杉矶分校（UCLA）篮球王朝的传奇教练约翰·伍登（John Wooden）有着相同的信念——教练再怎么伟大，如果球队成员不具备所需的才华，球队仍然无法赢得冠军。

想要成为伟大的企业领袖，你必须了解每个人都会拥有某些先天的长处，这就是为什么人人都具有成功的潜在因子。而你的责任就是，要发掘这些优点并加以发扬光大。

在我们的一生当中，都曾做过一连串的绩效检讨、测验与评鉴，并且根据结果来获知自己的优缺点。而这些举办评鉴的主办单位，常给我们的回馈意见就是要改正自己的缺点。畅销书《先要打破成规》（First, Break All the Rules）的作者马克斯·白金汉（Marcus Buckingham）就曾指出，要发掘自己先天的长处已经很不容易了，更不用说去改变那些别人强加在你身上的各种期望与看法了。你是否也同意这样的论点？

这也是《富爸爸销售狗：培训 No. 1 的销售专家》一书的重点。你不是一定要具有攻击性的业务才能在生活中获得成功。不同个性的人就像是不同品种的狗，各自拥有特殊的优缺点。而伟大的领导者可以帮你找出这些优点，协助你发挥、利用，并且从中获利。这些领袖绝不会去尝试将方形的钉子硬塞入圆形的孔洞之内。

享有最高待遇的明星球员，往往非常擅长自己所属的运动。他们的天赋就是自身拥有运动方面的好本事，而这是他们最特别的地方。

伟大的教练会看出运动员的能力，也就是他们最特别的本事，并且会鼓励他们全心全力地开发它们。精心组成的团队很少会有冗员，因为每个人都在发挥自己独特的能力，而不会尝试着去做自己根本不拿手的事。

领导者的才能就在于清楚知道目前所需要的职位有哪些，并且清楚哪个位置最适合哪个人，然后凭借发现、实验与执行来辅导队员进入状态。为人父母的首要工作，并不是要把小孩塑造成自己心中的理想模样，或是变得像自己一样，而是要找出小孩究竟拥有哪方面的长处。

关于这一点，身为父母兼领袖的你，一定要能影响并对他人有所启发。你知道这是为什么吗？因为我们都喜欢从事自己所拿手的事情，对吧？即使有时会很辛苦，但是依旧乐此不疲。时间一下子就飞逝过去，等到察觉之时，你可能已经做了好几个钟头。换句话说，也就是兴奋凌驾于困难，全神贯注与强烈的情绪取代了分心。请回想从事那些在别人眼里看来乏味或困难，但你却浑然忘我、感到无比兴奋的事情。

很显然，泰格·伍兹（Tiger Woods）就是对高尔夫球有着极高的天分。一次偶然的机会，我看到他接受奥普拉（Oprah Winfrey）的访问。奥普拉问道："你拥有这种天分是否对其他人不公平？因为这使你比别人更具优势！不需要那么努力就可以做到。"结果，泰格·伍兹以一脸迷惑的表情看着她。

他说："不，实际上恰好相反。这几乎是一种诅咒。就因为我拥有这种天分，因此，我认为我有义务将它发挥到极致。这就是为什么我认为我最大的资产就是花在练习上的时间比任何人都要多，而我的目的就是为了彻底发展这种天赋！"

我有一位朋友曾和泰格·伍兹在同一个时期于南加州学打高尔夫球。他们的年龄相同，也曾在同一个球场打球。

这位朋友告诉我，当时所有的人都恨透了泰格·伍兹，因为他在球场上的动作实在太慢了！因为他每次挥杆完之后，都会仔细分析、实验、评估及详细检查 N 遍才行。这种举动可把同组打球的人近乎逼疯了，而且跟在他后面的那一组，往往也会被他搞得非常不高兴。但是你认为泰格·伍兹会在乎吗？显然不会，而且他还认为就是要这样做才对！时至今日，我的朋友打高尔夫球需要花钱，而泰格·伍兹打高尔夫球则要收出场费。相信这个故事应该会对你我有所启示。

领导技巧2：教导的能力

想在事业上获得巨大成功，其实有个鲜为人知的秘诀，它甚至比销售还要重要，那就是教导他人的能力。

所谓领导的极致，就是要具备教导自己的团队如何成功的能力。这不是在口头上长篇大论地复诵应该做些什么，或是告诉队友当初你自己是怎么做的，而是要让他们投入、动手练习、反复操练，以及挑战他们，并在这个过程当中做到亲力亲为。你无法单靠看比赛影片而学会打球，你无法完全凭自己被带大的方式依样画葫芦就能把小孩养育好，你也无法单凭书中的知识便能学会创业。当然，你也无法靠着别人的口述就能成为一位优秀的队友。我们必须被别人教导才能学会。

我们会忽略这么重要的观念，其实一点也不让人感到意外，因为这就要讲到"制约设定"的观念。对学习与教导的印象，完全来自于自己的求学阶段。其实在学校所体验到的事物并不能算是一种教导。

你在学校所学的课程，实际上能记住并运用的内容到底有多少？我遇过少数几位真正教导我的好老师，但是其他绝大多数的老师，充其量都只是专业的说教者。

真正的教导是要将领导、销售、激励与亲自参与全部融合在一起。教导是教育进行的过程，教育的字根为 educare，意思为"带出或引出他人的智慧"。因此，教育并不是将资料硬塞入别人的脑袋！你要当的是一位导师与领袖，而不是说教的家伙！

教育或学习，其实正是不断地亲自重复操作与发现。举例来说，经由不断操练而累积越来越多的销售经验，你将更能了解该怎么做才会有效，进而学以致用并且发达致富。

俄亥俄州立大学有许多全美明星球员都会回来担任助理教练，但是却只有极少数的人能够成为球队的总教练，这是因为他们中的很多人只会打球与展现球技，却完全不懂得如何教导与领导。这两者之间，其实有着极大的差别。

在我们的球队中经常会听到这样一句话：曾经沧海难为水。换句话说，有些人就是渴望成为明星。这样的想法并没有什么错，但这跟成为一位良师毫不相关。教导并不是要你展现自己的能力与才智，而是要让团队中所有成员都能有所成长，让你协助他们学习并获得巨大的成功。而这就是除了极少数的以外，你很少看到专业的体育教练，本身既是超级巨星也是优秀运动员的原因。两者各自所需要的能力与心态截然不同。

引发他人学习欲望的秘诀不是要让他具备什么样的知识，而是要教导他如何学习。而这就牵扯到下一个领导力的要素。

领导技巧 3：运用错误来强化团队

伟大的领导者知道如何运用错误来增强团队的力量；反之，

则会让错误扼杀了整个团队。我们惯用的制约与设定，让我们觉得犯错其实是一件坏事。我们自然厌恶犯错，因为这是我们在学校所学到的一项制约；另外，犯错会让我们受罚，觉得尴尬、丢脸，并且会在许多时候，让我们看起来显得很愚蠢。

海斯教练擅长发掘他人的优点，但同样他也能看出他人的缺点。在担任教练最后的几年中，他花费了太多时间尝试改正球员缺点，结果这却成为他下台的原因。还记得我读大学的时候，我们史无前例地连续三年进入了总决赛，与南加大争夺玫瑰杯的总冠军。赛前他告诉所有球员：我们只要不犯错，就一定不会输球。

其实，他过度执著于减少犯错的同时，也将害怕犯错的恐惧深植于球员心中。球员若在练习时犯错，他就会怒吼、狂骂、尖叫、责备、踩眼镜、扯掉帽子或衬衫，甚至推人或打人。

虽然恐惧有时也是很好的激励方式，但在企业与运动中若处理不当，就会产生破坏性的结果。如果你不断地在脑海中告诉自己万一我搞砸了，或是我不知道能不能做得到，那么你迟早会真的犯错（逃都逃不掉）。而等到那时你就会主动告诉自己：看吧！我早就知道会这样！

那时你就会开始进入被我称之为"恐慌"的恶性循环之中，恐惧与负面情绪会上升，而智慧与应变能力将会随之降低。

伟大的领导者都清楚、了解这种态势，因此会凭借操练如何成功处理错误的能力来教导球员处理这一类的情绪。每一位领导者都要知道如何教导他人将恐惧转化为动力与高度的企图心的方法。

在那一次的玫瑰杯比赛中，我们队伍一开始有几次达阵，获胜机会很大。但是我们成了教练心目中恐惧的牺牲品——由于害怕犯错的恐惧过于强烈，结果很讽刺地促使我们犯下了更多错误。

最后我们以十八比十七，一分之差输掉了比赛，结果的确令人心碎。我们吃败仗并非缺乏人才，也不是因为缺乏计划或执行计划的能力。我们之所以会输球，是因为整个团队已被训练得害怕犯错，并且这份恐惧强烈到几乎注定会输球的程度。

环顾自己的团队、组织或家庭，这其中可能也有人非常害怕失败。如果这种恐惧感特别强烈，失败就会演变成事实。这些人是专注于获胜，还是害怕失败，这两者之间其实有着很大差异。

身为领导者，想要建立百战百胜的组织团体，知道如何察觉队员的心态以及如何辅导队员，这可是一件至关重要的事情。你的行为举止传递给队员的是何种信息？当你的小孩带回一张"满江红"的成绩单时，接下来将会发生什么样的事情？

从商创业，你一定会不断犯错。这时如果你能教导团队成员如何接受犯错的事实，并且教导他们如何从错误中学习甚至自嘲等，你将给予他们一个终生受用的技巧，可让他们在人生中获得胜利。再者，如果你也能这样对待自己的小孩，那么他们长大后应该能够策略性担当风险和成为杰出的问题解决者。

团队提示：

利用错误来强化团队的三种方式：

1. 汇报
2. 庆祝所有的胜利
3. 知道如何以及何时该喊暂停

汇报

从错误中学习的关键在于问题要问得对。事后进行汇报可以教导人们把任何状况都视为一种学习经验而不是惨剧。身为领导者，重点不在于改正、提供建议、说教或安慰，而是要问一些优质的问题，让人们了解到底发生了什么事情，并且负起从经验中汲取教训的责任。

在任何状况下，我们都可利用下列四个问题来进行汇报：

1. 到底发生什么事情？这里我们只列举事实，而不是个人意见。

2. 哪些事情行得通，哪些事情行不通？尽可能简单扼要，不要掺杂个人意见。注意这里的用语。没有所谓的对错，只要问行得通还是行不通。你必须回答这两个问题，因为两者必定同时存在。

3. 你从中学到什么？（这是最重要的问题）寻找行为或结果的模式，而不是独立的偶发事件。

4. 你如何加以改正（当犯错时）或如何进一步利用它（当胜利时）？你必须回答这个问题，否则盲目采取某些行动可能会衍生出比原先更多的困扰。

改正一次特殊的案例对整个过程没有什么帮助。举例来说，旅馆的柜台人员正在面对一位不断抱怨自己不愉快的住宿体验的愤怒客户。该柜台人员先前并无与客人争执的纪录，所以当客人离去后，问题也就不了了之。在这种状况下，确实不需要检讨旅馆的政策。

但是，如果柜台人员隔三差五地与客户抱怨或发生争执，你就知道柜台确实出现问题了。此时，上述办法中的第四条就扮演了很重要的角色。

整个汇报过程可能需要数秒钟、数分钟甚至几个钟头，然而一旦形成常态，就会促使大家勇于担当责任并且迅速改正，而且丝毫不掺杂个人情绪。汇报非常适合用于团队会议或质疑不符典章的行为。更重要的是，它也能避免人们把它当做针对自己而来的指控。

凭借汇报来排除负面能量或恐惧，速度快得令人惊讶不已。在任何情况下，这种方法完全将责任交给犯了错（或者成功）的那些人来处理。如此一来可确保责任归属，并让他们自己找出答案与对策。这么一来，他们的能量便会提升，将更能迅速地勇于担当风险，以真正减少错误发生。有时你得闭上嘴巴，避免直接告诉大家应该怎么做，但请你务必要相信我——让他们自己摸索、学习！记得要辅导与教导，千万别说教。

汇报能将责任直接置于团队成员的身上。千万不要采用居高临下的方式来进行，你只需真诚地发问即可。由于此种方式，犯错者多半会承认错误，而且也不会觉得自己像个白痴。巴克·富勒博士（Bucky Fuller）曾说：如你认为某人很聪明，那他最后将会变得聪明无比。所以，如果你期待他们会成功地从自己所犯下的错误中学习，那么这件事情就会成真。

✔ 庆祝所有的胜利

身为领导者，应做的要事之一就是教导团队如何庆祝胜利。

即使是最小的胜利也一样，因为这么做可强化争取胜利的行为。

我在这里并不是说要如何安抚团队，而是要称赞他们工作做得很好，并且态度一定要真诚。当你的小孩还很小的时候，你也要这么做，凭借鼓励、认可与支持来强化你想要他们做出来的行为，而且方法也有很多！他们精力充沛、渴望胜利，也喜欢你这么做。但是由于某种原因，我们不会如此对待其他人。

我们反而开始认为：理当如此、这本来就是你的工作等，或者回到累积集点券的心态：上次有谁来帮我庆祝胜利？

感激与认可他人所做出的努力，是你能给予别人最具有影响力的礼物之一。事实上，从哈佛大学对于奖赏计划与金钱奖励制度所进行的一系列个案研究中可看出，金钱对于延长巅峰表现，其效果将远不如只是单纯表示感激。

多年来，在我指导过的组织中，这种方法是最强而有力，却也是企业文化中最难以改变的地方。如果你尝试利用简单的握手、击掌、轻拍背部或者说声谢谢，加上持之以恒，你的团队成员展现出来的活力与成果将会令你讶异万分。

✔ 喊出暂停

在任何美国职篮季后赛中，比分一旦接近时，你就可以看到另一种技术。剩下不到两分钟的比赛往往会花上十五分钟或更久的时间才能打完。为什么？

这是因为双方永远都在喊暂停。

这时候，他们会重整队伍、重新拟订策略、进行检讨，并全力调整能量与心情来增加获胜机会。有时没有什么特殊原因，只是希望让球员重新振作，避免球员掉入负面的恶性循环之中。

知道何时该喊暂停是一种非常宝贵的技巧。针对你的团队、家人及生命中最重要的人，你必须知道何时该喊暂停，否则活力将会下降，负面情绪会随之上升，甚至极有可能严重损害彼此的关系。

当我问组织与团队是否会采用汇报来检讨经验时，大多数都会回答"是"，但是他们将其称之为"事后分析"！这个带有"事后"意味的字眼，竟然是用来形容学习过程的最关键的步骤！而该名词所隐含的负面意义，代表的就是在事情结束后才去做，往往已来不及做任何修正了。但是在比赛进行中或面临高压的情况下，如果能及时喊暂停并重新整顿，你往往就有机会在当下获得成功，而不是要等到下一次！

当大家的情绪左右重要的决策时，决策的品质就必定欠佳。而且如果你是领导者，其他成员将会以你为榜样。故而在此时最好喊出暂停，这其实也不需花费很长的时间。当团队出现混淆、失望、恼怒、悲伤或冷漠的征兆时，就要喊出暂停。如果你的观察够敏锐并能防患于未然，你将会讶异自己能提早理清多少事情，增加多少的活力。

顺带一提，身为领导者，你无需知道如何处理所有事情。只要你能喊出一分钟的暂停，让压力稍微减轻，让情绪缓和，相信大多数人都能想出解决方案。这时候每个人都能清楚思考，并让自己再次成为杰出的人才。

这就将我带回到伟大领导者所需具有的另一种特质上。

领导技巧4：创造并维持互动的频率

与团队成员维持互动，可以培养信任感。最好是采取一对一的实际接触、面对面的交流或打电话的方式。如果不这么做，成员将会变得无所适从。他们会忘记自己为何工作，并且逐渐淡忘肩负的使命。我们都是人，因此需要人与人之间的接触。唯有如此，我们对他人以及他们的名字才会产生真实的感受，而不是只把名字看成组织图表上的某个标签。整个过程具有人性，你也可以感受到团队的精神与热情，而不只是 PowerPoint 简报上所列的一项重点。

这对家庭来说也一样，这就是为什么会有那么多的家庭固定要在周日晚上共进晚餐。就在那时，每个家庭成员可以相互联系一下，重新了解彼此，并且重新"充电"一番。我父亲总是坚持整个家族每年必须聚会一次，而我每年都会为此略微抵抗。但是你知道吗，这个方法确实有效。所有人都会好好享受这个聚会，家人之间也更显亲密。

我们不可以仰赖电子邮件，因为这么做就太容易了。有些人在电子邮件中所说的话，绝对不敢当着他人的面说出来。你是否曾经收过附有敌意的电子邮件？如果有一件非常重要的事情，迫切需要获得他人承诺时，你应该要先痛下决心直接与团队伙伴联系。这样，你对结果将会感到惊讶。或许他们可以不小心没收到电子邮件或将其摆错位置，但是他们绝对无法否认你和他们之间面对面的对话。

你绝不会派遣尚未经过充分练习的美式橄榄球队去参赛。因此，当团队尚未建立频繁互动，你怎能期望他们达到巅峰一般的绩效？无论是在一次简短的会议、度假旅游、电话会议，还是共进午餐，我们都可以从中抓住互动的机会。对于团队任何的成功来说，保持紧密的联系是至关重要的事情。

领导技巧5：有远见并有能力 预见未来的希望与可能性

我在这里所要讨论的并非灵媒的角色，而是要具有一窥全貌的能力，要深知对整个团队以及每一个成员来说，到底什么是最终的胜利，团队的终极目标是什么。人们总是需要知道理由，才能辛勤工作并且全力投入。

每个团队都应该要有长期与短期的目标。按时达成这些目标，可让所有人都有机会庆祝胜利。伟大的领导者都知道，任何人在压力和困境之下都有发挥最佳才能的潜力。而逆境，有时的确会让人觉得无法应付。当团队奋力在黑暗中摸索时，在隧道尽头等待他们的希望之光到底是什么？找到这个问题的答案，是任何领导者所要面临的挑战。

历史上最伟大的领导者都具备这种能力。马丁·路德·金（Martin Luther King, Jr.）博士又比其他人更胜一筹。他的梦想或对未来的憧憬，至今仍然能感动许多人。他说：我有一个梦想，有一天这个国家将站起来，实现其立国信条的真正含义——我们认为这些真理不言而喻，人人生来平等；我有一个梦想，有一天在乔治亚州的红土丘上，从前奴隶的子孙和以往地主的子孙能平起平坐，以兄弟相称……我有一个梦想，有一天，我的四个孩子能生活在一个不论肤色，而是以内在品格作为评断的国度里。

在他被刺身亡的前一晚，他仍然怀抱着这个远景。他说："跟一般人一样，我也希望长命百岁，长寿在我心中当然有一席之地。但是我目前在意的不是这个，我只想活出上帝的旨意罢了。他也恩准我爬到山巅之上。我也看到了山后的景象……我看到了应许之地。或许我们不能并肩到达那里……但是今晚我要让你们知道，身为人类，我们一定会到达应许之地。因此今晚我很快乐，在我心中没有任何担忧。我也不惧怕任何人。我确实已经亲眼看到天主降临的荣耀！"

金博士知道描绘如此光明的未来必定能引发人性最佳的一面。他与其他的领袖们，凭借鼓励他人承受压力与面对逆境来激发他们的最佳表现。唯有经历这样的过程，人们才会学习、成长并成就伟大的事。

不要误会，所谓的领袖并非代表你必须像金博士一样。但是毫无疑问的是，伟大的领袖都是凭借以身作则来领导他人的。伟大的领导者都是愿意面对挑战、指正违规并且面对困难，以不负自己及整个团队的潜能。

领导者应具有沟通、说服与销售的技巧。马丁·路德·金博士、约翰·F·肯尼迪（John F. Kennedy）总统、圣雄甘地（Gandhi）、罗斯福夫人（Eleanor Roosevelt），以及史上其他伟大的领袖，都曾经向上百万人推销过梦想与远景。领导力就是说服他人达到最佳表现的一种能力。肯尼迪总统在发表关于太空计划的演讲时，说道："有些人会问为什么要登陆月球？为什么要以此当做目标？他们可能也会质疑，为何要攀登最高的山峰？三十五年前为什么要飞越大西洋？为何莱斯（Rice）不断挑战德州大学队？我们选择要登陆月球，我们选择要在这十年内登陆月球并完成许多事情，并不是因为它们很容易，而是因为这些事情很困难！因为这些目标会促使我们动员其他队员并衡量自己活力与能力的极致。这也是我们愿意接受、不愿再拖延并希望获胜的一项挑战，就如同许多其他的挑战一样。"

肯尼迪总统凭借一个非常艰巨的任务来挑战美国的公众视听。他也曾说如此一来便能激发全体国民的最佳表现。你难道不希望你的团队、你的小孩、你的员工以及你自己，也能接受同样的挑战吗？

领导技巧6：销售的能力

你应该注意到，无论是在企业界、政界、体育界，还是在家庭中，每一位伟大的领导者都具备销售的能力。销售不只限于和客人进行买卖，而是要使厂商、贷方、投资人、职员及监察者等信服并支持你的团队。销售也包括建立自己当领导时所需要的自信和勇气。在《富爸爸销售狗：培训No.1的销售专家》一书中，我主张每个人都有能力进行销售，这是指推销远景、宣扬态度、介绍典章，或只是将观念灌输给团队成员。你也必须向其他团队与主管机关推销自己团队的工作与努力成果。你变成团队的发言人。最后，通常都是由最会销售的人接手掌管该组织。

销售中最重要的领导形态就是将别人推销给他们自己，让他们学会接受自己，让他们更有信心、力量与精神。

典章的模范

领导的最高境界就是当你知道自己违反了典章时，有意愿指正自己所犯的错误。

这点你早就听说过了，你必须言行一致，不能说一套做一套。你必须身体力行，要以身作则。追根究底，只要你有勇气这么做，其他的人就会把你的话当真，并且会因为你的谦逊与力量而有所启示。愿意公开暴露自己的弱点与担当，就是在展现卓越的领导力。然而由于害怕丢脸，多数的政治家、企业主管及个人无从发挥这种非常重要的力量。

领导者必须彻底成为典章的拥护者，其中最强而有力的表率就是他指正自己的时候。领导者并非典章的执法者，但是他必须全心全意地服从典章。这是因为领导者如果想要领导团队面对动荡与不确定的未来，或是当团队遭遇逆境时，必须仰赖典章来作为团队的指导原则。如果没有典章，则人人只会遵从他们各自的典章。这么一来，典章除了对你自己有用之外，对其他人没有任何好处。

◇ 加强培养你在这些方面的能力：

团队检查表

1. 发掘及充分发挥他人的优点。

2. 教导他人如何成功。

3. 利用错误来使团队更坚强与茁壮。

4. 经常通过互动来建立可持续发展的关系，更重要的是产生信任感。

5. 提供符合团队实际的推广与梦想，但前提是必须具备美好的未来远景。

6. 销售。

每个人都能成为领导者

我主张每个人都能领导，且每个人在人生当中的某些时段都能挺身而出。不是每个人都要领导一家跨国企业，也不是每个人都要能领导五口之家。但每个人在其生活当中，都有机会成为领导者。市场上有关领导力的书籍汗牛充栋，有所谓的第五级领导者、仆人领导者、魅力型领导者，等等。有的领导者是用鞭策驱赶的方式领导，有的是用身先士卒的方式领导，也有的是走入人群混世和光……不胜枚举。

我认同的是我称之为"轮盘式领导"的观点。小白球迟早会掉在属于你的号码上，届时你就有机会提供指导、启发、支援、教育或者是建议。虽然人们都希望可以获得多一点的机会，但是真正的关键在于你当下是否有勇气站出来扛起领导的责任。或许你这位领袖并不具有大家普遍所认为应该有的样子，但是你仍然得领导不误。

我们都具有自己的天赋才能，此生的目的也就是要把它们发掘出来，并充分展现这些能力。当你这么做的时候将自动成为一位领袖。并不是因为是你自己渴望要成为领袖，而是因为你很自然地发挥了自己最擅长的本事。所以，其他人就开始追随你，并向你学习了。

想要打造卓越的团队，你必须领导。也许你没有被指定为领导者，也许会被指定为领导者。无论哪种情况，你必须推销自己的理念，教导他人如何更上一层楼，并召集自己的团队。在本章中，你已经知道自己不需要成为艾科卡（Lee Iacocca）才能领导他人，更不需要具备超人的能力才能学会并运用领导的技巧。但是，往后每当你运用以上的这些技巧时，你就会成为一位领导者。

团队领导力练习

1. 聆听伟大领袖们感动人心的演讲。仔细听他们的遣词用字、策略与激励的话语，模仿那些符合自己的策略。

2. 把握所有机会练习汇报的模式，并将此模式教给其他成员。留意担当责任这一方面使态度产生的改变。

3. 找一些简单的方式来庆祝胜利，无需过度夸张，但是要充满活力。比如运用击掌、握手等方式。练习时态度一定要真诚，而不是一味地恭维。

4. 每周至少喊出两次暂停，检查队员的情况。

第八章

荣誉典章最大的冲击与影响力

正如我在前面所说，我们有几个必须拥有荣誉典章的理由。其一就是，要设立团队行为举止和品行态度的标准。若想拥有更好的绩效表现，典章自然就应该拥有更严格的规定。典章可以排除个人自行假设的预期心理，它之所以被称为荣誉典章，正是因为它包含了我们严肃看待、承诺服从并且坚持信守的规则。换言之，我们就是在以身作则，成为象征荣誉的征章与配饰。

必须拥有典章的第二个理由是，其涵盖了更为广大的范围与重要性。无论团队、家庭、组织、文化或国家，都必须拥有典章，因为其构成分子的行为会对其他成员造成直接影响。没错！无论你怎么想，你个人的行为的确会直接或间接地影响其他人的生命，因为任何人的行为都不可能完全与世隔绝。不论你是遵守自己的标准与规则，还是违反它们，都会波及周遭的其他人。

在此，以准时这条规则来举个简单的例子。你迟到五分钟会造成什么样的后果？真的是罪不可赦吗？情况或许没有这么夸张，但真正的问题在于你已经影响到正在等你开会的其他几位成员的宝贵时间与精力。迟到不只是影响生产力，还使你从懂得珍惜时间的人身上剽窃了一个多钟头的时间。纵使这些人并未真正地在等着你，但是他们脑海中的小声音多半会说：布莱尔到底怎么了？他到底要不要认真投入，还是怎样？难道他忘了开会时间吗？我希望每个人都要遵守相同的规则，等等。那样真是浪费许多大好精神！

假设我个人拥有一条规则——直接找当事人处理。这表示如果我对某人有意见，我会直接找当事人一起来解决问题。这也表示，我不会在别人面前搬弄是非、陷害、背叛或者贬抑这个人。但是暂且假设我与妻子的兄弟之间有些令人不舒服、尚未讲清楚的过节，如此一来我可能会告诉自己，唯一受到影响的是我自己，或许还有对方本人。但实情并非如此。因为此时我已经影响到我太太与她哥哥之间的关系、我小孩与他们最喜爱的舅舅之间的关系，以及双方小孩相处的关系……你了解我在说什么了吧。

这种情况也必定会发生在那些从未直接处理问题的企业团队之中。它不仅会影响团队的生产力、制造紧张矛盾，而且会让所有成员觉得每当冷战，双方都在场，或当悬而未决的议题无法解决之时，自己必须如履薄冰般小心，以免制造更多的不和。而这简直就是浪费精力！

你的所作所为在某种程度上会影响到身边周遭的人。千万别小看自己所建立并坚持遵守的那些规则的重要性。

你正在传递的信息就是，你自己觉得哪些事情才是重要的。当你或团队最终获得地位与成功时，他人就是据此以你为榜样。

体育竞赛就是典型的例子。想象一下，在一场重要的大学杯橄榄球赛开打前，球队的明星球员在大赛前两天竟然违反了球队的荣誉典章！这下问题大了，因为牵扯范围既广且深。这时教练必须要有所决定，是要睁一只眼闭一只眼，让该明星球员依旧上场比赛？还是彻底执行球队荣誉典章中的规则，让该明星球员在这场比赛中坐冷板凳？教练心中的压力的确非常之大，而各家媒体、体育记者与球迷们，更是为此争论不休。

比赛的日子到了。两支拥有非凡人才的球队，列队准备开始比赛。该队教练经过深思熟虑之后，决定让该明星球员参赛。你想哪一支队伍现在比较具有优势？没错！你猜对了，正是另外一支队伍。比赛上半场，这位具有争议性的球员表现糟透了。不仅如此，整个球队也因为一些奇奇怪怪的原因而失去协调。比赛到了最后，尘埃落定，他们输掉整场比赛。但其实该球队丧失的不只是一场比赛，他们也赔上了自己的荣誉。

该队的教练本来有机会表达立场，展现领导力并塑造人格。但是他屈服于不计代价，必须赢球的压力，他没有考虑到如此决定会对其他成员所造成的影响。他反而传递了"规则没有那么重要"、"假若你是明星球员，你就可以按照自己的规则行事而不用受罚"等不正确的观念。他的这个决定造成了球员之间的摩擦，让球队因此脱序，甚至严重地伤害了一个伟大球队与教练的声誉。

输掉比赛只能算是后果。对于那些数以千计、视大学球员为典范的年轻、壮志凌云的运动员，又该如何是好？他们对该项信息的解读又是什么？是说如果自己是明星球员，就可以不受规矩的约束吗？

如你所见，我可以不断地引申一些意义出来，但重点在于决定不遵从规则所造成的影响，远远不只是影响当天在球场上打球的那些人。

你也可在体育界、企业界、娱乐业以及政治界中找出类似的例子。问题在于，你所做的决定以及你是否全心遵从典章，怎样连带影响到其他的人？

这就带出荣誉典章的另一个重要层面。身为团队、家庭或个人，典章无异就是自己的化身。你所做的每个决定，在某种程度上必定会对他人造成正面或负面的影响。典章不只是管理团队，它也一定会对社区、市场以及所有其他生命产生直接或间接的影响。

对新成立的或小规模的公司来说，这一点更是生存的关键。团队的行为几乎算是一种声明，它能直接树立自己在市场上的地位。如果你的内心拥有极高的标准，但是却无法真诚对待厂商、同事与其他人，如此一来你将无法存活。你为团队制定的典章，同时也必须是你在商场上所使用的典章。

如果你公开宣称公司将维持某些标准，但是你又允许这些标准被人侵害，这无异于对市场发布了这样的信息——你说话不算话、你不能被信任，以及某些人可以不受规则的约束。

最重要的是，如果不依照自己的规则行事的公司数量够多，这等于在告诉整个市场规则并不重要。而这么做就会因果循环。如果你违反规则，与你对抗的人们总有一天也会违反规则来对付你。这不但在市场上首开先例，并且还会因此形成一种恶性的惯例。

美国建国的基础在于坚实的荣誉典章。这份典章也就是《独立宣言》以及接踵而至的美国《宪法》。美国的开国先烈们，在生命饱受威胁之下签署了该份文件。

美国的确拥有一套扎实的典章，就如同其他国家一样。但是，万一被人民选出来去负责捍卫、支持这套典章的人，正是违反这些规则的人，这时又会怎么样？

面对现实吧！我们都难免会犯错。我在此很坦诚地跟各位说：我无法在水面上行走，也不是圣人，而且我这一生中确实出过几次大纰漏。跟其他人一样，我也曾投机取巧，也曾食言而肥，我也很确定自己对于过去那些行为感到惭愧。然而，根据我自己所定下的典章规定，我愿意来指正自己，我也愿意接受他人指正，无论如何就是要承认错误并设法弥补。

领导的最高层次就是愿意公开指出自己违反了规则并加以道歉。美国可说是全球选民投票率最低的国家之一，这是因为许多人均对政治人物失去信心。虽然我们不能一竿子打翻一船人，说所有的从政者都是坏人，但很不幸的是，少数违反典章的家伙损坏的往往不只是规则，他们同时也毁掉了大家对他们的信任。

信任是经由长期的言出必行孕育而成。我在这里想表达的重点是，每当你违反了荣誉典章，尤其是你不直接面对并加以处理时，你就破坏了自己的团队，以及跟你有往来的其他团队对你的信任。此时你传递给他们的就是你这个人不可靠的信息。要赢得他人的信任，需要通过时间催化、持之以恒，并且做到言行一致才行。信任感一旦被破坏，想要挽救将会是一个非常艰难的挑战。

在多数的企业丑闻中，该公司是否备有典章或规则并非问题的所在，其症结在于人们是否遵守典章，以及遇到违反典章的情事时是否进行指正。我们的内心必定会有这样的疑问：如果他们连自己的账面都无法做到诚实以对，那么对于其他的事情，还用得着说吗？

或许有人会认为这是有关伦理的问题。其实伦理是个充满情绪的字眼，我在这里想要简单地强调，借由观察受到该决定（或行为）正面或负面影响的人们、企业与社区的数量，你就可以衡量该决定（或行为）真正的价值与力量。

这不仅是你的企业成功与否的关键，同时也和你的声誉息息相关。

倘若能获益的团体越多，这就表示该行为或决策效果越佳。以本章的橄榄球赛为例，教练误判局势，让明星球员上场的决定，看起来似乎只对他自己以及该明星球员有影响，但却对整个球队、比赛、大学以及年轻球迷们产生了负面的影响。这就是我们一定要有典章的原因。它可以确保我们在遭受极大压力的时候，仍然能做出长期对多数人最有益的决定。

不幸的是，我可以举出许多体育方面的例子来证明因为违反球队规定，而对球队整体表现产生负面影响的实例。我也可举出许多伟大教练的例子，他们沿用同样的球员，但是彻底实施原本不存在的简单的练习规定与个人行为上的准则，因而将濒临解散的球队转变成常胜军。

你为团队所做的每一个决定，甚至你为自己所做的决定，都会产生所谓的涟漪效应。这些涟漪效应有哪些？当有越多的团体、团队以及个人因为该项决定而获得利益、鼓舞与激励时，那么该项决定就将越发倾向于正面。

团队提示：

凭借观察因为某个决定而受到正面或负面影响的人们、企业与社区数量，你可以衡量该项决定的价值与影响力。这对于企业自身的成功与否，以及你自己的声誉来说都非常重要。

你必须扪心自问：公司的政策与行为，是否只对公司本身有益，但却伤害了其他社会大众；是否有越来越多的团体因为你的决定而遭受负面的影响，导致你所能获得的支持者越来越少。

如果你以不公平的方式对待自己的合作厂商，以此来增加公司盈利，那么声誉良好的厂商将不再愿意与你的公司往来。你甚至可能在自己从未想过的地方制造出许多的怨恨与报复心。

另一方面，如果有更多的个人、团体与对象，因为获得你的支持、推崇与拉抬，那么市场与社群回馈给你的奖励将会更多。如果你的公司支持正面的社区活动，赞助教育活动或真诚地回馈乡里，你将会吸引其他同样也支持这些活动的企业与客户一同加入。

假设某家公司兴建工厂，它等于创造了更多的就业机会。很好！如此一来可增加盈利并且造福股东。也很好！但是该公司对员工非常不好，离职率高居不下。公司也因为可疑的作业方式而与环保机关屡次产生摩擦。公司的这种行为若不加以改正，则很难令人相信还有未来。

你是否见过一些个人或公司看起来很成功，但其他人却认为他们的成功是由于践踏或牺牲他人的利益所得？这些人或是公司的最后下场又是什么？不妨自己去查查记录吧！

如果你下决心经营下去，那么除了考虑盈利之外，还必须考虑其他许多因素。如果你表示将公平经营并尊重他人，最好针对的是所有人，而不只是你自己的顾客。

举例来说，以最近被《财富》杂志评定为"最值得效力的企业"的 J. M. Smucker & Co. 为例，该公司阐扬的企业文化包括专注地聆听、找出他人的优点、要有幽默感、在他人表现良好时说声谢谢，等等。

这些企业所设计出来的典章，不仅是为了达到巅峰的绩效与获利，同时也是为了让员工感到他们是以胜利者的方式来互相对待的。经营管理者知道，这对公司会有所助益。

有些成功企业，如 Ben & Jerry 冰淇淋公司，早从 1978 年起，便将高于该公司税前盈余 70% 的利润，捐给那些支持其他非营利组织的基金会。该公司的部分生产线也陆续捐出部分营利收入作为赞助环保之用。即使该公司现在是由联合利华（Unilever）公司所拥有，但是他们仍然持续回馈地方社区、倡导环境议题，并视员工如同家人一般。

富爸爸集团（Rich Dad）也将儿童版现金流游戏（CashFlow for Kids）免费提供给国内任何希望支持小朋友们获得财务知识的学校或教育机构。

还有许许多多、不胜枚举的杰出企业与公司刻意制定类似的决策，并且透过该公司的业务、政策与利润来确保社会各方都能有所获益。他们所订的规则均适用于他们直接或间接来往的人们。这类的公司包括人们希望为其效命的公司，志愿以各种方式支援地方社区的公司，以及提供金钱并且协助各项重要的公共议题、基金会与活动盛举的公司，等等。

有趣的是，这些因"最佳××"而榜上有名的公司，大部分早已将这些价值观与规则纳入自己公司的典章之中，这也正是因为他们自己就是这样的人。

典章的设计是用来保护成员免于遭受不利的对待方式与行为的，同时也是用来保护团队以外的人，让他们也可跟着获利的。世界上那些伟大、存在已久的机构都是不懈怠的，谨遵其荣誉典章方可得以持续迈向不朽的境界。对于任何国家、宗教、跨国企业，甚至转角的小汽车修理厂来说，都是如此。然而，如果逐渐出现违反典章，或是未能遵守这些规则的行为陆续增加之时，往往就会开始产生怀疑、批评与缺乏尊重。我相信你也能举出不少这样的例子。

那么，你要如何在自己的团队中下手？

当你制定公司政策、规定与典章时，都要精心策划这些决定，以确保整个企业、团队、供应商以及客户群都能和你一起达到多赢。但是，如果你希望体验热情拥护者最疯狂的支持，那么就要确保当地的乡亲们也能赢。我知道这听起来也许有点肉麻，但是最优秀的公司，多半都会竭尽所能地回馈对他们有所贡献的乡里。而且格局越大，你所能得到的支持就会越多。

伟大的家族也是如此。如果你告诉小孩子不可说谎，但自己却逃税漏税或不信守对孩子的承诺，那么他们将会仿效你的行为，甚至一生都用这种态度对待他人。总之，为了给后代做个好榜样，你最好言行正确。

我在成长的过程当中，被加诸许多当时我并不明了的规则。其中有很多规则看起来像是沉重的负担，我也在不断地抗拒这些规则。但是这些规则一直在传递一个信息，也是我祖父母常告诉我的——如何替他人着想。凭着这条"指导原则"，我的祖父从贫穷变成富有。这个信息一直在我的工作与生活中引导着我，它遍及所有的企业决策之中，并且助了许多企业一臂之力。

你给你的家庭、企业、团队或自己灌输了什么样的信息？你的典章是什么？无论你是谁，你的典章将会影响到其他人——你的厂商、你的客户、你的社区以及整个业界。有时候，我们由于太专注于制定对自己团队或企业有利的规则，却忽略了自己的行为会影响到其他的同胞。

贯彻自己的典章不只是为了个人利益，同时也是为了那些与你直接或间接接触的人们。而这就是你的名声，也正是你留给后世的榜样。因为它可以说明你的人格有多大，影响了多少生命。你越能正面地触动他人，你将越能获得巨大的助益。

团队练习

检视自己所定的规则：

1. 有多少不同的对象因这些规则而获益？

2. 环顾自己的社区。是否有一些公司或是个人看起来很成功，却屡遭讥讽为是牺牲他人利益才获得成功的？而这又连带产生了何种影响？

3. 你希望别人如何看待自己的企业？

4. 讨论一些能对其他许多人产生正面涟漪效应的组织与范例。

5. 你的规章向自己周遭相关的人们传递了什么样的信息？

第九章

如何确保担当、忠诚与信任

从本质上来看，当你在制定典章的时候，你正在替自己和团队设立行为和绩效上的新标准。因此，你必须要决定标准究竟要定多高？你准备每周健走一公里，还是每天跑一公里？你想制定多么严谨的典章？想达成什么样的绩效？是想要驾驶一台 F - 18，还是雪佛兰跑车？

除非人们愿意担当责任，要不然，规则和标准根本一点用处都没有。要让大家有所担当，最简单的方法就是利用数量化的方式来追踪、记录他们的活动与成果。换句话说，就是追踪他们的统计数字。

接下来，就让我来对此解释清楚。

人们经常问我刺激业务最重要的因素是什么，我通常会笑着回答他们：就是每周一的业务会议。听我这样说，他们往往会用奇怪的眼神看着我，因为他们想从我的口中听到的是狡黠的策略、战术或技巧，只是实情根本没有这么复杂。

多年前，我刚开始在优利士（Burroughs）从事业务工作的时候，我们固定于每周一上午八点举行业务会议。那时候，会议中完全不会有任何煽动性的演说、宣布刺激业绩的奖励办法，或是特别来宾、销售训练等活动。大家唯一要做的事情就是把自己潜在的客户名单公布在墙壁上，然后让团队逐一检视。你必须介绍每位潜在客户的近况、业务推进到什么程度、预计还要多久才能成交，以及自己得做哪些努力才能加速促成这件事情。此外，你还必须在团队面前公开宣布自己本周预计达成多少业绩，以及打算用什么方式、从什么地方获得更多潜在优质客户的名单。

请老天爷怜悯那些连续几周都公布相同潜在客户名单的业务员。全场同事会对你喝倒彩，甚至是嘘声四起地把你赶出会议室。我发誓每周四和周五都是业务者工作态度最积极也是最忙碌的时候，因为没有人会想在下周一向大家说自己始终跟进的都是同样一群老客户，使用的依旧还是那套了无新意的烂策略。

根本就不是业绩奖金的问题，担心被当众羞辱（记不记得恐惧以什么为首）才是激励我们的原因。而且这非常有效！为什么？因为这就叫做担当，这就是对自己所同意达成的结果负责。在此，我并非在倡导彻底且全面地公然羞辱，但是能让团队的成员成为执牛耳的人，重要特质之一就是要有担当。你是否愿意担当所有的结果，不论好与坏？你是否愿意献身于自己的学习、健康、家庭、朋友与团队？你是否会致力于达成自己的承诺和预期目标，并对自己的成功、错误和失败负起完全的责任？

我从来没见过任何伟大的运动员或企业家不具有一定程度的担当。一旦你愿意设立标准，并且要求自己和他人担起这些责任时，大家的投入状况就会完全不一样，而这就是落实执行典章所产生的结果。那么，为什么人们不喜欢担当责任？这是因为有时真的不容易做到。没有人希望在面对镜中的自己时，承认自己没有达成自己的愿望或他人的期望，或是对自己感到失望。而要避免失败最简单的方法就是绝对不让自己失败，不要设立任何标准，也绝对不担当任何责任。因为如果不用担当责任，恐怕你连镜子也都可以不用照了。

如果我要减肥，但是就是无法把自己拖到健身房去，这时候责怪自己充满压力的行程表，或是别人不应该对我有这样子的期待等，会比直接承认自己懒惰简单许多。我说得没错吧？担当可能会让人感觉不舒服、羞耻和困窘，但是一旦做到了，往往就会让你骄傲不已。而且，如果当你获知，我没有办法对自己负起责任，你会想要我加入你的团队之中吗？

各个层面中的卓越，其实都始于勇于担当责任。身为父母、伴侣、老板、领袖、队友或者友人，诚实地反省自己的行为并且担当责任，这就能决定你自己生命的品质与水准，而上述种种其实从这些典章之中就能看到。不论是指正或是被指正，其实都是给自己改正的机会，以便向更高的境界迈进。

在运动竞技中，你必须对教练、其他队友、球迷们和自己的统计资料负责，毕竟数字会说话。你确实有打电话去开发客户，要不然就是没有；你确实跑了一里路，要不然就是没有；你确实有信守承诺，要不然就是没有。而伟大的运动员肯定都比任何人还要早一点知道，自己是否应该对某件事情做到自我指正。

忠诚来自于尊敬，而尊敬来自于有所担当。有所担当的基础就是因为愿意对团队和典章献身，并且愿意随时指正和敢于担当。

在此有几个方法，可以确保自己团队有所担当、勇于承诺和保持忠诚度。

统计数据

团队所有的成员必须不断地追踪统计数据，尤其是成果以及可以量化的活动等。只有一周接着一周的统计数字才能衡量出自己的优缺点，也就是说，有数据才会有成果！

什么叫做统计数据？我有一位客户是做传销的，在他的荣誉典章中有项规定：同一个团队中的伙伴们，每周要彼此分享行事历。这么一来，大家就可以看出彼此行动量的水准，例如他们拜访了谁、拜访频率的高低、每天打了多少电话等，这些数字可以让他们向整个团队负起责任。他们针对不同的活动设定目标，事后再填入实际的数字。这样赤裸裸地受人检视虽然会让人感到不太舒服，但是往往更能帮助自己成长。

团队提示：

所谓的担当就在统计数据中，因为有数据才会有成果！

我们假设其中一位队友设定了每周要打一百个电话来开发新客户，以及每周做五次简报这样的目标。但团队检视她的行动时，却发现她每周电话次数都超过了目标，但是简报次数不足——这或许正表示在她打电话给别人的时候，其实是有一些问题存在的。这么一来，自然也就更容易辅导她迈向成功了。

再者，追踪统计数据也能呈现值得被庆祝的胜利，例如超过原本预期达到的目标。但也能呈现一些潜在的问题，例如由追踪第一次电话拜访进展转而成为面对面说明成功几率。在经过一段时间之后，统计数字也能让你看出一些习惯性的模式。有时想要改变固定的行为模式，就好像在看杂草生长一样，又慢，又单调，对吧？我们总是感觉这件事不仅浪费时间，而且根本没有效果。接下来我们会怎么做？我们往往开始严厉责怪自己，为何在短时间内没有任何改变！或者在原计划还没有开始发挥效果之前，我们又突然改变策略，等等。

试着想一想自己上一次的减肥计划。每天上健身房，减少糖分的摄取，晚餐只吃沙拉，甚至每天都会称一称自己的体重，希望的无非就是体重能有所变化。这时如果体重没有下降，你就责怪自己贪嘴，多吃了一片饼干。但是，如果你给自己多一点时间，看看每周发生了什么样的变化，每天记录自己的所作所为，然后等到六个月以后再回头检视，你就会发现自己减轻了几公斤，体脂肪也下降了几个百分点，对吧？你甚至会发现，在减肥的这段时间内，你的体能也变好了。也许因为你现在有办法观察到自己的行为模式，你开始留意到，每当感觉有压力出现的时候，自己就会有暴饮暴食的倾向。你其实可以从中学到很多关于自己的东西，而这就是我所想表达的重点。

如果你不断地记录数据，你就可以观察模式、衡量进展并且解决问题。如果不这么做，你就很容易受挫，很难认同自己的胜利。更重要的是你会轻视自己这一路走来的成就。只凭记忆回想，你不可能记得自己六个月以前进食的食物、分量以及频率。关键在于不要只是单纯地记录最终的数据，还要衡量自己的行动。你有没有改变方针？你有没有寻求协助？那一天发生了什么事情？记录自己的行动，可以让你观察到自己的行为和进展，或是退步的情况。当然，它同样也可以让别人来对你做正确的辅导。

一个真正的团队，会毫无条件地协助队友。在这里我们所讲的意思并不是因为羞愧而被迫采取行动。这也是很多人害怕担当责任，或者不愿意加入卓越团队的原因。他们多半不喜欢受到别人仔细的检视。这只是你脑海中的小声音顽固地认为别人回馈的意见总是针对你个人的，而这种偏见既痛苦又伤人。其实，得到回馈意见的次数越多，你就会变得越容易接受它。如果你把它当成瘟疫，避之唯恐不及，那么在越来越不容易获得别人意见的状况下，只要一遇到这种状况，你就会变得会越来越难接受，最后干脆全然逃避。

团队提示：

当你得到越来越多的回馈意见时，你就会变得更加容易接受每一次的指正！

接下来要讲的是，一个会为你着想的团队会用什么样的方式协助与鼓励你。在我曾经合作过的组织中，他们习惯把担当责任和游戏结合在一起，采用"虚拟橄榄球比赛"的方式来将大家分成几支队伍，只要业绩有增长或愿意接受训练就能获得分数。在季后赛中，他们还利用电脑程式计算分数，看看哪支队伍得分最高。这个简单的办法，让行动量增加了四倍！

大家都是受到同队队友的激励，主要的方式有两种。首先，如果自己的动作太慢，其他队友将会立即进来支援，因为大家都有着一定要获胜这个共同目标。其次，没有人想让队友失望，大家都希望能被看成可靠的伙伴，因此所有的人都会更加卖力地赢得队友认同。他们由此所展现出来的活力简直令人难以置信。

如果不愿意对数字负起责任，那么几乎就没有办法来衡量自己或者他人的进展。但是我再次强调，你还是得先确认自己团队中有些什么样的人？除非大家愿意担当责任，否则依旧无法成为冠军的团队。统计数据能帮你达到目标。品管大师戴明博士（Dr. Edwards Deming）说得好：如果你能衡量它，你就能改善它。这句话无论是用在制造上，还是用在人类行为和绩效上，其实都很适合。但是这并不表示每一次你都非得成功不可，毕竟没有人能做到这一点。但是，如果你愿意倾注全力，奇迹往往就会发生。数字开始上升，便会有很多人慕名而来，自己的收入也就会随之增加，而这就是想要成功就必须要拥有团队的理由。当你违反典章的时候，团队就会负起指正你的责任。当然，他们也会帮你庆祝所有的成就。

要忠于团队

我把一位导师所说的话拿来当成自己荣誉典章的一部分。他说：成就卓越的关键在于慎选与你为伍的人，因为这些人对你的要求标准，绝对会比你的自我要求还要高。

你有没有这样的朋友？当你有需要的时候，他会拉你一把；当你畏缩不前的时候，他也会推你一把；当你开始懈怠懒散的时候，他甚至会狠狠地踢你一脚。唯有跟这样的队友为伍，才是改变自己生命和数据最快的方式。

身为一名队员，你要相信自己团队的支持，互相指正是有所担当的最高境界。当你接受荣誉典章这类的契约规范时，你就是在跟别人做出相互的保证，保证你绝对不会让自己和团队失望，而且无论如何，你会竭尽所能地协助团队完成任务。扪心自问，你和团队之间曾经互相许下了多大的承诺？在这年头，人们不断地在团队之间跳来跳去或是不断换工作，希望能够追寻更好的环境、更高的薪资或是更好的机会。但是他们就是不了解，如果自己不能立定志向并全心投入，自己和团队是根本不会有进步的。能够认清这一点，其实非常重要。

当我第一次从事业务工作时，我承诺自己无论如何一定要专心投入三到五年的时间。当时我的目的是想学会如何销售，而且我也知道，如果不给自己这样一个机会，我这一辈子都不会知道自己可以从中学到什么，或是我能够有什么样的成就。没错，当时还有其他拥有更好的产品，以及薪酬更优厚的公司，但是我想要的不只是这些，我的目的是希望借这个机会培养自己专心一致的纪律，并在面对任何挑战时可以做到在考验中屹立不摇。此外，我希望能够从公司所提供的训练、经验和辅导当中，获取更多的自我价值。

你必须要求自己做出自己想要的行为，你也必须用同样的标准来要求他人。要不然，所有的事情都会变得非得靠自己才能完成不可。我相信你知道那是什么样的情景。你对别人的要求怎么可能比自我要求的标准还低？这不但便宜了你自己和团队，甚至也可视为是一种背叛。如果有人违反了自己对团队所许下的承诺，这一定得要加以指正才行。而且每当有人实现自己的承诺时，你也必须放开心胸，予以认可。如果你能这么做，能量就会增加，士气就会高昂，绩效和速度也会逐渐提高。这时候，情况就会开始变得非常有趣。

要保持忠诚度

每当我谈到荣誉典章、落实执行、有所担当以及决心承诺等，有些人就会出现如下反应：为什么要这么严格？听起来，你好像把所有的事情都当成在带橄榄球队一样，甚至是在带军队！

其实，他们误解了我想要表达的重点。在界限制定得越加严谨的状况下，我们才能更安全地在规定范围内尽情尝试和挑战。人们可以自由地表达想法、疯疯癫癫、摆脱窠臼、庆祝胜利、认可赞扬并感谢对方，完全做到坦诚以对。当这种情形发生的时候，往往就能创造出充满火花、欢乐和热情的气氛。在这种环境下，人们心中就会充满信任，你就能真实感受到大家相互照顾的感觉，而且所有合理、充满善意的行为，将会受到赏识。再者，这样也能培养忠诚度，以及互相帮助的意愿。人们自然会比较容易抵抗那些比较诱人，或是必须牺牲他人利益的各种欲望。

如果你对朋友和伙伴们没有什么忠诚，那么就先要求自己这么做。更重要的是，要先学会对自己忠诚。只要你忠于自己，你就会开始变得想要忠于那些生命中最重要的人。请记住要以身作则，并且凭借行动来向世人展现自己到底是一个什么样的人。如果你身为父母，你告诉自己八岁的小孩你五点钟会回家陪他打篮球，但是你却在回家的路上拐到酒吧喝上几杯，那么你的忠诚度在哪？你给小孩又做出了什么样的示范？你八岁的小孩会认为你是什么样的人？他认为忠诚代表的又是什么样的意义？

在职场中，人们会倾向于先把自己照顾好，有关这一点我前面已经提过。许多荣誉典章都曾经列出"要对团队忠心"这条规则。这条规则好是好，但它真正的意义是什么？假设你有一位客服部门的员工针对公司的某一项政策正在电话上处理客户的抱怨。或许这位客服人员觉得，每当他跟客户说"我了解，你是对的，我每一次都会向公司反映，但是公司就是从来都不会听我的……真的很抱歉，我已经尽力了……"这种话的时候，你会以为他这是忠于客户。但是当客户挂断电话之后，你认为客户会怎么想？虽然客服人员努力地想给客户一种亲切感，但是他在这个过程当中，其实却是狠狠地捅了团队一刀。这位客人可能会想：老天，这家公司真的是乱七八糟，连他们的员工都在抱怨！

因此，你一定要和团队立场一致。所谓家丑不可外扬，这种行为不能算是忠诚。就算你不认同团队的某个系统、规则或政策，你也要始终保持忠心不二，直到团队内部做出改变为止。我并不是要你闭上嘴巴，盲目听从或压抑自己的感受，因为就算要推动改革，也要从团队内部做起，没有所谓"我只代表我自己"或"我跟他们志不同道不合"这回事。你要跟团队一起对此做出努力，而不是唱反调。如果你做不到这一点，就不可能会有人获得胜利。别忘了，这一切是因为当情绪高涨的时候，智慧就会随之降低。当团队面临压力的时候，当大家孤注一掷的时候，他们是否仍旧忠心不二？有些人宁可帮助陌生人而不愿意帮助自己人。或许在你的亲朋好友当中，你也认识不少这样的人。但是，这究竟是不是一种健全的关系？因为真正优秀的团队根本不会拥有这种行为，这种偏见将会从内部腐化一个团队的精神。

每当经历诱惑的考验时，记得要极力赞扬所谓的忠诚度。在当今的社会当中，如果别家有更好的待遇，那么要求员工对自己忠心的确不容易。但是我可以告诉你，每当有人告诉我，他之所以留下没有跳槽是因为他感觉这里每个人都很忠心，这时我的内心往往都会充满温暖。这才是凝聚团队的力量！每当这种情形发生在我的团队之中，我一定愿意为这位队友两肋插刀，在所不辞。

◇ 这样确保担当、忠诚与责任：

1. 真正追踪统计数据，同时加以检视，从中学习并充分利用。
2. 肯定并赞扬自己想要别人做到的行为。
3. 指正对方之前，必须先获得对方允许。在这过程当中要不断相互支持。
4. 挑选队友和朋友之前请三思。自己身边的这些人，是否会以同样标准要求你与自我要求。
5. 要求自己忠心不二，抗拒寻找或追求更好机会的诱惑。
6. 要担当自己的一切，并为别人设立榜样。
7. 若不清楚接下来该怎么办的时候，请继续相互扶持。

在面临第四局最后一次进攻的机会，如果离达阵距离还很遥远，而比赛时间所剩不多的情况下，看看那些杰出的橄榄球队会怎么做！这时他们肯定会聚在一起，手牵着手，不论面对什么样的命运，他们都会彼此照应到底。这才是真正的冠军团队。

其实，我们这一生能真正拥有的就是这些珍贵的情谊。既然如此，在最后的分析当中，就请大家遵照这些简单的规则，做到真正勇于担当、承诺与忠诚吧！

团队练习

1. 找出那些有助于团队达成预期目标，又可加以量化的行动。

2. 追踪这些活动的统计数据，并且每周和团队一起检视。

3. 严格要求自己的所有团队队员。

4. 成立一个研讨会，让大家互相负起数据上的责任，同时接受别人的支持。

第十章

凭借荣誉典章在考验中屹立不倒

相信大家都听过"失败为成功之母"这句话。只是很不幸，并不是每一种失败都可以用这种态度来对待。

在面临逆境与压力时，情绪通常都会高涨，而我们处理的方式也往往远不如自己原本所想象的那么理想，有时甚至可能会因此失去控制或变得极为丑陋。所以，设立典章的目的就是希望处在压力之下时，仍能让大家紧密团结在一起，以确保所有人都拥有足够的自律，并在面对挑战时仍然能坚守承诺。我所知道的伟大队伍、伟人或家庭，都是因为经过压力的挑战才得以形成的。就像约翰·肯尼迪曾经说过的：我们之所以选择登陆月球，并不是因为它容易做到，而是因为它很困难！其实，真正的蜕变必定发生在压力与挑战之中。这其中也有着物理上的原理，一种很诡异的可预测性。最重要的就是若能在考验中继续坚持，往往就能表现出自己最佳的一面。

每个人一旦处在高度压力、紧绷或挑战之下，情势往往就会发生变化。有时会变得更好，有时则不会。根据经验，这些状况会让我们的情绪高涨，也有可能因此剥夺我们理性思考的能力。这时候，我们就会主动进入以直觉做反应的生存模式中。对一些人来说，所谓的直觉反应不是战斗就是逃走。而对于另一些人来说，直觉反应就是退缩并躲藏起来。还有人一遇到事情就会说：老子先闪人了。但是对于一些特定的人来说，他们的直觉反应充满勇气、果敢、明智和坚强。这其中究竟为何会有如此大的差别？原因就在于荣誉典章。

荣誉典章如果建立稳当，就能让人坚持下去。凭借充分的承诺、练习和反复操练，它便能凌驾于原有的本能反应，并让人继续支撑下去。它会促使我们坚定立场、承受压力，并让我们在突破困难之后变得更加坚强。因此，我把它称为"在考验之中屹立不摇"。从开始记事时起，我的生活就经常处于水深火热之中，不是因为我很勇敢，而是在我的内心深处，我根本就是一个胆小鬼。由于经常一意孤行，我越发觉得自己常常陷在非常诡异的困境之中，而原因就是在一开始的时候，我常常觉得这些机会"看起来应该会是个好主意吧"，你曾经有没有这样想过？但是请大家不要误会，我其实有个美好的家庭，而且并未被虐待或被抛弃，我只是希望现在的小孩子更加普通而已。

慢慢地，我开始发觉，在自己的成长过程中总是有着令人不安的规律模式存在。当我开始研究成功的人士以及成功的团队时，我发现这个规律也不断重复地发生在这些范例中。例如，我目前的身份是一个著名演说家、教练和企管顾问，我发觉最伟大、最持久的本事往往就是因为愿意投身于考验（水深火热）之中屹立不摇。社会上发生的许多病态现象与悲剧往往都是因为刻意逃避考验，或是逃避一些我们应该要去做、但是很不容易做的事情而造成的结果。

更重要的是，当我花了许多时间研究这种现象，我居然发现压力不但能让我们获得成长，而且更是大自然的基本定律之一！

团队提示：

伟大的团队之所以伟大，就是因为承受了挑战、逆境和压力，并在这个过程当中紧密团结在一起。

支持这个理论的证据来自 1977 年诺贝尔化学奖得主伊利亚·普里戈金（Ilya Prigogine），他是一位专攻热力学第二定律的化学家。不知道这个定律的人也不必担心，我在这里不是要给你上理化课，只是希望借此举个简单的例子。

假使一棵树在森林中倒下，经过一段时间之后，它就会溃烂并且被腐蚀。该树肯定会支离破碎，同时它的原有结构也会随之变得更加散乱或是陷入混乱。换言之，第二定律告诉我们，若将事物放下不管，宇宙就会逐渐陷入脱序的状态——有着自然会败坏的倾向。这个理论有点道理吧？因为事情就是这么简单，而你如今也已经成为热力学第二定律的专家了。

你认识这样的人吗？他们虚掷生命，成天坐在电视机前，完全无视自己的生活与健康在逐渐败坏。我们也见过类似的组织团体，他们逐渐肥大、结构松散并且得意忘形，完全忘了如何应对竞争对手的威胁。因此，他们也终究难逃解体或崩溃的命运。这对国家、经济、货币和文化来说，其实也是同样的道理。想想，你和亲人、朋友等，如果长期疏于联系，感情往往也会逐渐退散甚至消失，而这就是第二定律的作用。它全然适用于自然界和日常生活当中。多年来，人们也早已习惯接受自己的人际关系和生命迟早都会逐渐消逝的事实。

但是普里戈金之所以获得诺贝尔化学奖，就是因为他所观察到的现象与上述内容不符，所持理论甚至恰好与之相反。他说：大自然会在混乱之中产生新秩序。并且他观察到：如果选择一个正常的有机体或化合物，并且输送能量给它，它将会在吸收这些能量之后，进而转送出去！而这和我们自己很相似——我们经常接受日常的一些工作、食物、对话、挑战和资讯等事物，然后通过吸收、运用，再凭借能量、产出、结果、废弃物等类似的方式，将之顺利转送出去。这种循环严格说来没什么了不起！但是，当我们开始持续不断地供给更多能量，并施予其压力，使它超过负荷，这时就会发生很有趣的现象。在物理学中，我们习惯将这种现象称为"扰动"。

你有没有过这样的经验：餐盘当中的食物过多、需要处理的事物远超过自己的能力、配偶吐了太多苦水在你身上……你是否因此被扰动了？你能体会我在说什么吗？总而言之，其实扰动指的就是目前状态被颠覆的情况。

团队提示：

简单来说，扰动就是目前状态被颠覆的情况，伟大的人、事、物都是这样产生的。

普里戈金观察到，若是持续增加给予某个系统的能量，当能量总和超过它所能承载的程度之后，它就会开始震颤、发抖。当压力或扰动不断增加，它将会震颤得越来越厉害，直至它达到再也无法承受的临界点为止。

你是否有过这种经验？某一天，当你所承受的压力已经大到只要有人再给你添一些小麻烦，你就准备狂吼大叫的程度了！我相信大家肯定都经历过这种状况。无论你是个小小的有机物，还是大型企业或世界经济大国，一旦你被扰动到所能承受的最大极限，或是达到一个假想的临界值之时，你就会觉得自己处在水深火热的考验之中，觉得自己随时都会爆发，觉得企业组织看来随时都会瓦解。但是如果条件对了，往往就会有新的状况发生，而这正是普里戈金获奖的原因。当这个系统达到压力的极限，并且处在正确的状态下（我再强调一次，指的是正确的状态下），它就会开始发生有趣的现象。它不会解体崩坏，也不会炸开，它只会跨越这道极限。事实上，它会重组并进化为一种更复杂的结构，因此能够承受更多的压力。

就以刚才的树木为例。它在森林中倾倒成为烂泥，并且逐渐没入大自然的土壤之中，凭借地层施予的压力，经过一定时期的转化而变成煤炭。这时若施予更大的压力与热，同一组分子最终将会转变成钻石——一种远比原来的状态更加复杂、更加坚固的物质，具有无与伦比的耐压能力。

我想表达的意思是什么？这些理化知识的重点在哪里？其实我想说的是，在大自然中，蜕变与成长总是要在压力之下才能发生，它们往往都是在颠覆现状并让既有的系统超载。而这种事情也会发生在我们身上！你有没有上过健身房？当你在锻炼肌肉的时候，你会感觉到它们无法再承受任何压力并且即将断裂。但是令人意想不到的是，它们没有因此断裂，反而茁壮成长。你不仅身型越来越健美，肌肉也将能承受更大的重量、距离或压力。但是这一切必须身处水深火热的考验之中，也就是压力之下才能发生，而这就是大自然的运作法则。

但是由于某种理由，只有我们人类才会有避免或逃避这种过程的倾向。你是否曾经注意过：当你和团队承受着巨大压力并且加班到很晚，甚至神经也绷紧到了极限的时候，突然有人随便讲了一些什么话，结果使得大家笑个不停。而奇怪的是，大家也不晓得自己到底在笑什么。等心情恢复平静，所有的事情看起来都变得更简单、轻松与平静。这就是扰动发挥效应的结果——压力上升，释放情绪，重组发生！

你站在超级黑色钻石滑雪道的山巅准备往下滑，你的心脏几乎已经要从嘴巴中跳出来，你听到它在你的胸口怦怦乱撞……一开始，你缓慢地起步，但是好几个月以来的反复练习开始接手——在你腾空跳跃、进入另一个夸张的弯道时，你大声狂叫，几分钟之后你回头看着自己刚刚滑下来的陡坡，你将会变得更有能力，能面对更巨大的挑战。

你到现场看了大量的房子，几天来不断地分析数据，在这个过程中你的另一半也一直和你争论不休，你甚至质疑过自己，你已经精疲力竭了，但是你仍然在合约上签名，一瞬间你已经做出自己不动产的第一笔交易！如果你在任何这类的状况中退缩，那些阻碍你采取行动的情绪不但会延续，而且还会不断累积，直到你充满怨恨、愤怒或悲观。

大自然就是要你放胆去做。这就是你和周遭的人们一起进化的时机。那些告诉你不要这么认真、放轻松点的朋友，他们所提供的建议简直就是反进化！因为当你越是处在水深火热之中且屹立不摇，你将越能成长，并且距离自己与生俱来的使命越近。

团队提示：

大自然就是要你放胆去做！

我曾经研读一份研究报告书，书中指出，退休后的高级主管若未替自己定下一个新的挑战目标，他们所剩的存活时间大概只有五年左右！如果你不放手全力一搏，你将不会再成长。此时，热力学第二定律——崩坏的现象就会接管你的人生。换句话说，属于你的生命意义就是要不断地成长。

我对成千上万的人阐述这种观念，他们也都同意身为正常的具有灵性的人类，通常都拥有不断成长与进步的意愿。因此我要请问各位，为什么每当你面临人生的临界线时，情况往往会逼你面对不舒服的真相与现实？比如你的亲密关系、财务状况、事业以及健康状况，等等。我们为什么不试着去超越它，重新去组织自己的生命，使之蜕变？伟大的运动员们是这样做的，他们严厉地鞭策自己，直到突破界限，进入世界顶尖水准。为什么其他人不这样去做？为什么有百分之五十的美国人，其婚姻往往到最后都以离婚收场？为什么在面临压力之时，我们总是倾向于逃避？原因正如下面所述：

这是因为在发生化学性、物理性或社会性的变化时，同时会有另一个有趣且值得观察的现象发生。就在这个系统或化合物开始蜕变时，它一定会释放能量，因为化学变化的发生需要凭借释放热量来达成。每当一个系统重组或呈现一种全新状态时，原有的连结机制都需释放能量，使系统整体进入到一种更为有效的状态。当人们释放能量时，则多半是凭借……呵呵，你猜对了，就是情绪，比如愤怒、恐惧、忧伤、挫折感，等等。大多数人都不愿跨过那一道界限，而是选择避免直接面对压力，因为他们非常害怕随着压力而来的负面情绪。

我们的社会并未教导我们如何面对、处理以及利用这些情绪，而是教给我们远远避开、压抑、隐藏、忽视或指责它们的应对模式。在我们成长的过程中，我相信大家肯定会听到"男儿有泪不轻弹"、"女人要端庄、举止有礼"这一类的话。可问题是，如果你刻意不宣泄情绪，它就会阻碍新状态的形成；如果你不让情绪自然宣泄，进步就会就此打住。只要人们提到情绪，大多数人的本能反应就是"太不专业了"、"这家伙太软弱了"，或是"就算给我一千万，我也不干这种事"等。而我们偏偏时刻处于压力之下，我们的社会日益复杂，要处理的事情多如牛毛，这时若不将这些情绪加以宣泄，我们就会在临界线前打住。在持续累积大量的压力之后，不可避免地进入所谓神经病的状态。我知道，大家身边都有这种事情在不断发生。街道上的行人当中或许就有人像火山一样，随时都有可能会爆发。

你有没有遇到过这种事：你只是开口跟某人说了一句话，紧接着他就无缘无故地对你大发雷霆？你有这样对待过别人吗？

社会上有许多青少年，他们渴望获得家庭或学校的协助，但是家庭或学校却刻意忽略他们的呼唤，因为老师、父母都感觉慌乱，都不善于处理他们的情绪。由于大部分人采取的都是这种态度，结果导致成千上万的青少年被卡在临界线，就像是被使劲摇晃的汽水瓶一样。如果摇晃得够久、够用力，你猜它会发生什么状况？没错！它一定会炸开来。

企业中也会发生同样的事情。企业组织不断承受巨大的压力，如果企业组织内部没有适当的宣泄渠道，企业就会像一个不断被摇晃的汽水瓶一样，首先出现的就是气泡开始大量冒出，而这被我们称之为离职率。人们开始萌生离开企业的想法，企业当中最优秀的人才开始陆续离职。原因何在？因为他们无法清楚表达自己的想法，所以只好决定放弃，去找寻更美好的天地。

当然，那些沟通渠道畅通、能释放压力的企业总是能够持续不断地成长。在这个过程中，这些企业的员工可以宣泄自己的情绪，可以处理有形和无形的压力，他们甚至能够谈笑风生，因而能顺利跨过这一道屏障。

这就是为什么你需要一套荣誉典章的缘故。

设计荣誉典章的目的就是为了保护在前线面临压力的队友。它负责管辖责任、沟通、公平行事、诚信和尊敬等方面。想让它发挥作用的话，那么大家都得同意，并且愿在第一时间内指正任何不当的行为。它虽能让你进行沟通、表达和宣泄心中的挫折感，但前提是绝对不能以牺牲同伴来达到这个目的。如果没有荣誉典章，就算是心地最善良的人们也会慢慢各自为政。荣誉典章的目的就是要让大家即便处在压力之下也能继续团结，让整个团队或家庭可以一起跨越那道成长的界限。

团队提示：

荣誉典章可让团队在压力之下依旧正常运作，在混乱之中能保护所有的员工。

如果想要顺利成长，学习在水深火热的考验中屹立不摇，是一件非常重要的事。但你如果没有荣誉典章就想尝试这样做，那么这种行为无异于带降落伞就急着要跳伞。你必须给自己、团队和家庭各建一套典章，这样才能在发生状况时使大家能够互相扶持。假使规则被滥用，不肖人士以恐惧威胁，或借此贬低人格，人们根本不会主动出头，要不然就是，他们也成为滥用规则或采用威胁性方式的成员之一。

你有没有发现，当自己成功处理一个大挑战时，其他的问题看起来也就没有这么复杂了，这就是在考验之中屹立不摇最迷人的地方。一旦你跨越了那道鸿沟，你就进入了一个崭新的境界。你将会变得更为坚强、强壮、有能力，变得能扛起以往看来根本扛不动的大挑战。但是，如果你一直无法跨越这道界限，那么将会发生以下两件事情。首先，你会成为第二定律的受害者。如果你不愿担当压力，你不去接受考验并放手去做，第二定律就会接手，这时你的事业、人际关系和个人成长都会开始崩溃和毁坏。总之，重组和蜕变必须在压力之下才会发生。其次，如果找不到释放情绪的方法，你将不断累积它，直到你无法承受，全部爆发出来为止。退化、愤怒和爆炸可以凭借极度沮丧、暴力，甚至退缩、冷漠来表现。如果不加以妥善管理，这也可能发生在你的孩子、员工，甚至是最亲密的伴侣身上。企业这时也会变得非常臃肿、不近人情、官僚化，并从组织内部开始腐化。

我一直强调，我从未见过不用面对压力就能变成伟大队伍这种情况，我也从未见过任何伟大的成就、领袖或革命性的行动在没有压力的情况下产生。伟大的冠军团队并非大人版的"快乐儿童营"，因为身在其中其实非常不好过，他们会不断鞭策你，要求你面对各种各样的挑战，希望你成为一个更加能干的人。他们也会要求你为错误负责任。如果他们真正伟大，肯定会互相庆祝彼此的胜利，相互学习、扶持和鼓励。因为生活在一起，他们所达到的成就远远超出了他们的想象。最后，他们一定会对自己非常满意，同时期许自己成为更优秀的人才。虽然这一切都很辛苦，但是肯定都值得。

如何在考验中勇于接受挑战

　　如果你已经按照本书所写的步骤建立了一套荣誉典章，那么你早已着手进行这个流程了。压力是创造伟大队伍的主因之一，就算队员天生的直觉是想逃跑或避免挑战，但是无论如何他们必须熬过这些折腾才行。你需要一套典章来支持你。当状况开始白热化、大家互相大眼瞪小眼、不知该做些什么或不知道如何处理的时候，答案往往会在荣誉典章中浮现。

　　其实人们最大的敌人就是自己。我也有一套荣誉典章，不过在压力之下时，我往往会忘记一切。比如，当我开始心生不悦时，我就会拼命逃避，而这种行为对我根本没有任何帮助。我的一生始终受到老天爷的眷顾，因为身边的伙伴都要求我必须有所担当，所以我已经培养出遵守荣誉典章的习惯了。在此我要跟各位分享一种感觉，那就是我跟大家一样都会经历一些艰难的时光。现在，我已经相信成长会有一个蜕变的过程。每当压力开始变大，事情变得疯狂的时候，我就会告诉自己：我正在处于"水深火热"的考验之中，撑下去！继续坚持下去！然后，你知道吗？每一次，事情都会在水深火热中产生非常美好的结果。我偶尔也会在家里骂来骂去，每当此时我的太太就会带着微笑，并且注视着我说道：嗯，看来又有好事将要发生了。

不管是学习滑雪、购买第一幢出租房屋、打造自己的事业、参加跑步竞赛，还是单纯地要和另一半达成共识，每个过程都会或多或少地伴随着一些恐惧、挫折和混淆。但是凭借荣誉典章来处理这些情绪，并在考验中屹立不摇，大家都会逐渐地把这些经历转化成胜利，同时替生命带来伟大的成功和爱。

在我的家庭和公司的荣誉典章中，有条规则是这样的：绝不逃避或放任任何悬而未决的问题，而这项规则其实很难遵守。大家有时会觉得放任这些困难的决定或冲突去自我淡化会更容易，有时甚至会情绪化。但是我们发现，每当我们使这些情绪和感受得以释放，大家不但能够找到很好的解决办法，而且事业团队之间的关系将会得到重组，达到一种更高的境界，就像自然界的定律一样。我的事业团队中发生过这样的事情，我的家庭中也发生过这样的事情。重要的是，它带来了更深刻、更牢固的亲密关系。

在公司中，我们经常想拥有更好的主意、全新的想法，或者突破性的思考，我的员工也开始期待这种情形发生，因为他们知道，跨越困难，必定会有更美好的结果在等待着他们。至于为何会发生这种情形，就是因为我们为大家创造了一个安全的环境，也就是只要遵守典章，大家都能安全地表达顾虑、挫折感和主意。只是这些事情必须要以负责任的态度处理才行，千万不可在遭逢压力时就开始责怪、抱怨或自怨自艾。

如果企业的股东们愿意坚持到困难解决，这样的话可以培养卓越的协同工作的能力。这些困难可能在财务、业务、伙伴关系、愿景、目标、结果、策略、聘雇或开除等方面都存在。我相信你曾经体会过何谓难以决断，但是这偏偏又是一个极为关键的议题，因为我们可以从中创造新的选择。当双方互相承诺，而彼此又日益坚强之时，就可培养出更高层次的信任感。但可惜的是，以上情形一般不会发生，除非一开始双方就同意无论如何一定要正视和处理问题，直到困难被彻底解决为止。

我在世界各地所举办的领导力课程中，经常亲眼目睹这些在思想、创造力和结果等各方面的突破。在课堂上，看着学员挣扎着完成一些我交给他们的任务或案件时，我总是对他们充满敬意。我故意给他们看似不合理的时间或有限的资源，让他们真正处于水深火热的考验之中。每次那些会争论不休、互相鞭策、辩论及坦诚讲出想法的队伍，往往都会突破临界点，并且创造出远远超过他们自己所期望能达成的结果。

几个月前，我在德州奥斯汀机场候机。当一位年轻女士靠近我的时候，我相信她肯定能从我脸上的错愕表情知道我认不出她是谁。就在那时，她微笑着对我说："布莱尔，你不记得我了，是吧？"我尴尬地摇摇头。她释怀一笑，接着说："我参加过你几年前在 IBM 所举办的课程，我现在想要对你说声谢谢！"

直到这时我才想起来，为了执行我指派的任务，她的团队不断地挣扎着。他们持续工作到深夜，每个人几乎都快把头皮抓破了，竭力想要在第二天早晨之前想出完成任务的方案及谋略。我相信当时的他们，绝对没有身处快乐营的感觉！

我好奇地问她："你为什么要感谢我？"

她嫣然一笑，说："你记不记得，我们最后还是成功地完成了任务，对吧?"我点点头。

她接着说："那个谋略不但持续发挥作用，这些年来还发展出属于它自己的生命。"

他们当时的任务是要创造出一个能在课程结束后依旧持续自立自足的谋略，而且必须在当天晚上完成。它必须对整个奥斯汀有所贡献，不能只局限于 IBM 和他们自己的队伍。它必须能教育、服务并保护"钥匙儿童"，也就是那些放学后必须回到空无一人的家中的小孩子。也正是因为他们的谋略是如此成功，就连当地的报纸都前来采访，结果使消息传遍全国各地，也因此让他们获得许多企业、组织的赞助。

她说："当时你指派这道作业给我们的时候，我简直是恨透你了，因为我认为这项任务完全没道理也不可能做到。但是整个团队在考验中屹立不摇，其所达到的成就和所产生的结果简直令人无法想象。这几年来，我在 IBM 获得多次晋升，我始终把大部分的功劳归功于那一天的学习。当我面对看似不可能完成的挑战时，我会思索自己所能达到的成就究竟有哪些。我现在的心态是：天下没有不可能的事情。而这个观点，更让所有与我合作过的对象深深感到不可思议。"

紧接着，我们准备登机了。当飞机逐渐爬到云层之上并且飞向火红的晚霞之际，我的情绪有些许激动。通过我的影响，究竟有多少家庭和孩子的生命从此改观，只因为这个团队愿意接受水深火热的考验? 而这些团队成员在改变与成长的过程中，究竟知不知道那个结果对他们的生命与亲密关系会造成什么样的影响? 假如当时他们认为太难而放弃，那么今天又会有什么样的事情发生？

曾经有很多次，我怀疑自己是否太过努力了，对员工、朋友、客户或自己的要求是否也都太过严厉与苛刻了。但是大自然的定律总会适度地在我们的身上发挥作用，只要我们拥有一套能荣耀并且保护团队的荣誉典章，让大家在压力之下仍然能保持团结，一切困难都会迎刃而解。

吉姆·柯林斯在他所著的《从A到A⁺》这本书中指出，当史谷特纸业（Scott Paper）、威尔法格（Wells Fargo）、艾客德药业（Eckerd Drugs）等公司在处理那些棘手议题之时，迫使自己必须做出艰难的决定，因为唯有如此，才能让一家好公司转变成为卓越的企业。他曾说过，就因为他们拥有面对"残酷的事实"的意愿，最后才得以成为卓越的企业。那些因为觉得当面处理问题感觉很不舒服，进而选择提早放弃的人们，到了最后往往还得面临同样的问题。你越晚处理问题，这些问题就会越滚越大，变得越发难以处理。这就好像往衣柜里拼命塞东西而不加以整理一样，若你只知道用力把门关上，并且持续这么做，迟早有一天，当你打开衣柜，里面所有的东西必定会倾泻而出，无人能挡。

无论在公司或家里，我们立有一条规则：人人都必须承诺致力于个人成长，并在沟通技巧、个人辅导等方面持续进修。借此，每个人可以不断加强自己，不断提升自己的沟通能力，不断在精神上把自己锻炼得更为坚强。这是一种非常艰巨的纪律，但它使得富爸爸集团能够不断地成长与繁荣。当然，它同时也让我太太爱琳和我一起成长。

你不能把情绪随意地宣泄到别人身上。我当然也不赞成你立即把这本书放下，开始对员工吼叫、迫害小孩，或开始跟另一半争吵。这或许是你的直觉反应，但是绝对无法解决任何事情。荣誉典章最主要的功用是规范大家的行为，由于它的关系，就算你想逃跑，想大吼大叫，或是想将情绪宣泄到某位同事或家庭成员身上，都是不容许的。但它容许你说实话，要你担起责任，不伤害其他人。相信自己和规则，并且坚持不懈。真正遵守典章，你就能在水深火热之中立稳脚跟。如果你能够处理这种状况并突破它，你保证会发生蜕变，这就是荣誉典章真正的精髓。

◇ 成就伟大的三大关键因素：

团队检查表

1. 压力能让你在各个领域中打造出卓越的团队。请正面接受挑战，不要逃避。

2. 寻找正面、有建设性的方式，比如用打球、研讨等方式来释放被压抑的能量，让蜕变过程可以继续下去。

3. 在压力之下，依靠典章来维系团队的团结。更重要的是，若能在水深火热之中立定脚跟，你将变得更为坚强，并且得到丰硕的成果，同时也让你拥有无与伦比的自豪感和成就感。

团队练习

互相讨论并描述自己处于高度压力之下的状况，以及是如何处理的（无论当时处理得好或坏）。如果利用自己刚刚学到的知识，那么你会采用什么样的处理方式？

结论

拥有荣誉典章的时候到了

终于走到这里了。你一路努力至今，从这点我可以看得出来，你一定是那种下定决心要让自己更优秀的人。换句话说，如果无法成为更优秀的人，干吗这么费工夫呢？你和周遭所有人都拥有让自己更伟大的特质，这些特质始终在等着被人启发。而你的职责就是要发现它、训练它以及发展它，必要时甚至得利用它这个工具来改善自己和周遭人的生活。所以，别再等待了！好好审视自己以及生命中最重要的团队，下定决心要让它发挥到极致。

在此，我所要给你的挑战是：问问自己想要从这些关系中获得多大的快乐？你的团队又有多少潜在的绩效及可能性尚未发掘？是否会有这么一天，当你看着镜中的自己，你知道自己已经发挥了所有的潜力？什么事情是你所能容忍的，哪些事情又是你绝对不愿妥协的？你今天是持续压抑，还是选择突破自我？假设你明天会死于车祸，那么世人将会如何怀念你？你留下了什么样的典范……针对这些问题，你所回答的内容将会决定你生命的品质。

你的荣誉典章会宣示你坚定的立场。请你把它当成荣誉勋章佩戴在身上，让它在你面临人生的挑战之时能够引导你，并且一直伴随着你，直到获得成就与胜利。如果你真的这么做了，这些压力和奋斗将会让你和你的团队变得更为优秀。当你回顾自己的人生时必将了无遗憾，因为你享受了人生的整个过程，而这就是生命的重点。

把它当做一场大游戏吧！任何游戏都有玩家、规则、界限、对手、目标，甚至旁观者。它的目的就是测试你和你的团队最佳的一面。如果你一直没有庆祝胜利，没有跟自己喜欢的朋友在一起不断学习、成长并欢笑的话，请你立刻罢手！或是改做其他事情，或是改变自己玩游戏的方式。请相信你天生就有快乐的权利，而不是只能拥有挫折和悲伤。每个人都拥有专属于自己的天赋，而游戏的目的是要所有人发挥所长，要你跟那些愿意与你一同踏上旅程的人一起来玩这个人生的大游戏。

最后，本书要教你如何判断自己的团队：如果游戏在明天完全改观，你还会选择同一群人加入你的团队吗？如果你的答案是肯定的，那么毋庸置疑，你确实拥有一支百战百胜的冠军团队。这时请建立一套荣誉典章来滋养它和保护它，并让所有人发挥潜力，走向成功。你可以拥有自己所梦想的黄金团队、渴望的亲密关系以及想要的家庭。我要你成为那位天生注定就能获得成功的人。当你这么做的时候，正是因为你下定决心要这么做，并为此创造出一个架构，也就是荣誉典章，来让这一切成真。

恭喜！我也由衷地感谢你愿意承诺建立一套自己的荣誉典章，并且制定极高的自我要求标准来严格规范自己。因此，就从这一刻开始，对于这些价值观你绝不能妥协；就从这一刻开始，决定你想要成为什么样的人物吧！

我以讲述美国大学橄榄球最精彩的一场比赛——俄亥俄州立大学七叶树队与迈阿密飓风队争夺全国假日杯的故事作为本书开端，就是想让你明白，就算俄亥俄州立大学七叶树队不被人看好，但它通过两次的延长赛，反败为胜。总教练吉姆·特斯罗（Jim Tressel）开始接手俄亥俄州立大学七叶树队之时，该队纪律非常松散。正是由于他导入极为严格但公正、公平的荣誉典章，才让球队焕然一新，从此改观。

在整个球季当中，他的团队一次又一次地扭转看似必败的比赛，一次又一次地在球季当中创造奇迹。因此，奇迹确实是会发生的，但是奇迹之所以会发生是因为做了万全准备。严格的宵禁、成绩上的要求、群育方面的规范、球队训练的规则、跟在学校乐队后面唱校歌、每次比赛前手挽着手一起从达阵区出发、告诫那些违反典章的队员们将要坐冷板凳或被踢出队伍……这一切的一切都将变成整个团队行事的准则。

他在这场比赛开球的前几分钟，对整个团队进行了一次演说，从中你可以很清楚地看到荣誉典章的影响力，以及如何才能在自己的人生当中建立一支百战百胜的团队。除此之外，你可以感受到他们的精神，也可以看出他们之所以赢的理由。

请你想象自己在更衣间，而现场有八万多位嘈杂的群众，以及数百万电视观众都在翘首盼望着。你每天不断地练习，而且不管你信不信，都会有许多爱戴你的球迷们深深期待你能获得胜利。让这些场景在你脑海中不断回响，如同它们对我所造成的影响一样。让这句话不断提醒你——我是冠军，以此激励并赋予你力量，使你与自己生命中最珍惜的人们一起都能发挥到极致。

最后，我将他的演说内容传承给你：

你们几个月之前所开始的旅程，到今晚即将划下句号。在这段旅程当中，我们有些朋友因为不同的理由决定离开，踏上他们自己的道路。但是，你们之所以会留下来，是因为你们是很特殊的一群。你们留下来是为了某种理由，这是因为你们所关心的德州大学（注：在这里，你可以更换团队、公司或家庭），它所代表的精神就是你的队友和你自己！

每个人在人生当中都会面临一个特殊的时刻，也就是当你问自己想给后世留下什么榜样的时候。

在现实生活中，只有极少数的人能拥有像你今晚这样的机会，能有机会活出这个问题的答案，而机会一般就掌握在各位手上，它不是明天，不是昨天，也不是十分钟之前你所做的任何事。你自己的未来以及你留给世人的典范，将在未来的三个半小时中，由你自己来塑造。

请你环顾一下这个房间，并且看看围在身边的人。你希望这个人如何怀念你？你希望他们怎么记得你在这场比赛当中的表现？你希望你的双亲、家人和朋友们对你今晚的表现留下什么记忆？在别人的印象中，他们会用什么样的字眼来评论你，是普通还是卓越？

为了这场比赛，教练们已经将你们准备好了，而你们也都做了充分的准备。但是，当你踏上球场之前，还请你务必记住几件事：

　　◆ 用心去打这一场球，无论如何，我们绝不放弃！

　　◆ 充满热情地去打这一场球，别把这一切视为理所当然。虽然你为自己争取到参赛的机会，但是千万不要以为自己还会有第二次机会——把它当成是自己接受众人欢呼的最后一次机会，并把每一次攻防都当成是胜负的关键！随着球赛的进行，每一次的攻防累积起来就是获胜的契机。

　　◆ 要恪尽所责。要将自己平日所学的东西完全发挥出来。很多队伍之所以输球，原因就是队员们不安分守己，脱离平日所练习的内容。要相信自己的队友，也要相信他们一定会支援你。

　　◆ 不要让任何人从你手中夺走这一刻。千万不能让群众、报社、朋友，更不用说迈阿密飓风队得逞。

　　◆ 享受比赛！好好品尝此时此刻。因为将会有许多的年轻人终其一生都在想象：你们今晚在场上拥有的到底是什么样的感受？因此请好好享受这一切！千万不要害怕胜利！

　　◆ 今晚就要像冠军队伍在进行球赛一样！完全展现出冠军的心态、思维、精神和态度。

　　在整个球季当中，我们不断地说，究竟要怎么做才会被人称为伟大？又该付出何种的代价，才能成为伟大的个人或团体？这个世界的确充满了害怕成为伟人的人们！他们害怕成为冠军，只是因为他们害怕自己想要跻身于冠军之林所必须付出的努力和决心。

但是你们不是这种人！你们现在就给我去为了冠军而努力奋斗！

活出最棒的自己！因为你就是最好的！